LE PALAIS

DE

VERSAILLES.

TYPOGRAPHIE DE FIRMIN DIDOT FRÈRES,
IMPRIMEURS DE L'INSTITUT,
Rue Jacob, 56.

LE PALAIS

DE

VERSAILLES,

Par

J. VATOUT,

Premier Bibliothécaire du Roi.

A PARIS,

CHEZ FIRMIN DIDOT FRÈRES, LIBRAIRES,
RUE JACOB, 56.

A VERSAILLES,
A LA LIBRAIRIE, AVENUE DE PARIS, 8.

1837.

LE PALAIS DE VERSAILLES.

CHAPITRE PREMIER.

Notice historique.

SANS chercher à éclaircir les obscurités qui entourent le nom et le berceau de Versailles, je dirai en peu de mots ce que son Palais était autrefois, les métamorphoses qu'il a subies, enfin ce qu'il est aujourd'hui.

En 1561, Martial de Loménie, secrétaire des finances de Charles IX, était seigneur de Versailles : le roi de Navarre, depuis Henri IV, « allait souvent y courre le cerf. »

En 1573, Albert de Gondi, maréchal de Retz, acheta (1) cette seigneurie.

---

(1) Nous avons adopté cette version malgré les mémoires de l'Estoile, qui rapporte un fait dont rien ne nous paraît

La position de Versailles, les forêts qui l'environnaient, sa proximité de Saint-Germain, devaient naturellement plaire à Louis XIII, qui aimait passionnément la chasse ; aussi ce prince s'y rendait-il souvent ; mais, dit Saint-Simon, « il était obligé de coucher dans un méchant « cabaret à rouliers, ou dans un moulin à vent. » Il fit bâtir, en 1624, un pavillon pour lui servir de rendez-vous de chasse (1).

Ce n'était qu'un abri ; Louis XIII voulut une habitation : il acquit en 1627, de Jean de Soisy, un terrain que cette famille possédait depuis le 14e siècle, et sur lequel s'élevait un moulin à vent. C'est là que fut construit en briques « ce chétif château duquel Bassompierre disait « qu'un simple gentilhomme ne saurait prendre « vanité. »

Au-dessous du moulin qui venait de faire place à une résidence royale, sur le penchant de la butte, en face des hauteurs de Satory, s'élevait

---

garantir l'authenticité : c'est que Catherine de Médicis « fit « étrangler, dans l'intérêt du comte de Retz, pour lui faire « avoir le château de Versailles, le secrétaire d'État Léoménie, « qui en était possesseur. »

(1) On voit encore une partie de ce bâtiment rue de la Pompe, à l'angle de l'avenue de Saint-Cloud ; il a conservé le nom de *Pavillon royal*.

le vieux château qu'Albert de Gondy avait acquis des Loménie; il était en ruine; il gênait la vue du nouveau château; Louis XIII l'acheta pour en faire disparaître jusqu'aux derniers vestiges (1).

Destinée aux délassements de la chasse, cette demeure ne fut pas toujours étrangère aux intrigues politiques. Un jour, c'était le 11 novembre 1630, Louis XIII arrive à l'improviste à Versailles, accompagné de Saint-Simon. L'inquiétude dont son esprit était agité se peignait dans ses mouvements; il se promenait à grands pas, se jetait sur son lit, se relevait précipitamment, buvait, cherchait à la fenêtre la fraîcheur de l'air, ouvrait ses habits comme un homme qu'un feu intérieur aurait dévoré. « Sire, lui « dit Saint-Simon, je suis persuadé que V. M. « protégera le cardinal contre une cabale de « gens sans mérite qui en veulent plus au ministère qu'au ministre; sans attaquer la reine « mère, V. M. peut se contenter d'éloigner ceux « qui lui inspirent des idées contraires à votre « volonté; car enfin, sire, vous êtes le maître.

---

(1) Suivant contrat passé le 8 avril 1632 avec J. F. de Gondy, oncle du cardinal de Retz, et premier archevêque de Paris, moyennant soixante mille livres en pièces de seize sols (137,000 francs de nos jours.)

« — Oui, je le suis, répliqua le roi, et je le
« ferai sentir; j'attends M. le cardinal; je lui
« ai fait dire par Lavalette de se rendre à
« Versailles. »

Une voiture se fait entendre dans la cour du château, c'est Richelieu avec Bouthillier. Le roi l'embrasse avec un mélange de confiance et de crainte, et le cardinal le supplie adroitement de lui permettre de quitter le ministère. « Après la
« scène du Luxembourg, lui dit-il, après la ma-
« nière dont ma bien-aimée nièce, madame de
« Combalet, a été traitée par la reine en la pré-
« sence même de V. M., je n'ai plus qu'à faire
« place aux Marillac. — Ah! monsieur le cardi-
« nal! — La reine mère se l'était bien promis,
« reprit Richelieu, elle n'avait, disait-elle, qu'à
« voir le roi pour ressaisir sur lui tout son em-
« pire. — Je suis le maître! » répéta Louis XIII.

Richelieu se laissa faire violence, et la nuit se passa à préparer dans le plus grand secret les mesures qui devaient rendre au cardinal sa toute-puissance. Marillac, le garde des sceaux, mandé pour travailler avec le roi, se flattait de devenir premier ministre : il alla expier son illusion dans une prison d'État; son frère, le maréchal, commandant en Italie, attendait un courrier qui devait lui annoncer la chute du cardinal : le courrier arriva, mais avec l'ordre au maréchal

Schomberg de se saisir de son collègue et de prendre le commandement de l'armée. La foule des courtisans, qui s'était précipitée au Luxembourg, fut obligée de se replier au Palais-Cardinal; « enfin Marie de Médicis et Anne d'Autriche « se consolèrent mutuellement en récitant des « psaumes, tandis que Nogent, en sa façon or-« dinaire de bouffon, disait à ces deux reines : « je ne sais qu'un verset : *Nolite confidere in* « *principibus!* (1) » Ainsi finit la journée des Dupes, le seul événement politique dont Versailles ait été le théâtre sous Louis XIII.

Un corps de logis de vingt-deux toises sur chaque face, deux ailes terminées par quatre petits pavillons, un petit parc orné de quelques statues, voilà quel était le château de Versailles lorsqu'en 1660 Louis XIV conçut le projet d'en faire une des magnificences du monde. Le génie de l'homme luttant contre la nature; les fleuves détournés de leur cours pour apporter leurs eaux dans des lits de marbre ; une armée occupant ses loisirs à ces immenses travaux (2); tous les arts à la fois rivalisant de zèle pour égaler la grandeur

---

(1) Journal de Richelieu.
(2) Louis XIV voulait amener à Versailles la rivière de l'Eure; il ne subsiste de cette entreprise gigantesque que ses inutiles vestiges.

de la pensée qui les avait convoqués; un palais plus splendide que tous les palais des rois, s'élevant sur les plans de Mansard et se décorant des trésors du pinceau de Lebrun; des jardins merveilleux dessinés par Le Nôtre et ornés des chefs-d'œuvre du Puget et de Girardon; une main souveraine prodiguant par millions les riches tributs de ses conquêtes; une cour fastueuse ajoutant par son luxe à l'éclat de ce royal séjour; enfin ces premières fêtes ordonnées par Colbert, animées par Molière, célébrées par La Fontaine et présidées par un demi-dieu rayonnant de jeunesse, d'amour et de gloire, tel fut le spectacle que présenta la pompeuse création du palais de Versailles.

« Tout le monde a ouï parler des merveilles de « ces fêtes, des palais devenus jardins, des jar- « dins devenus palais; de la soudaineté avec la- « quelle on a créé ces magnifiques choses qui « rendront les enchantements croyables à l'ave- « nir. » C'est ainsi que s'exprimait La Fontaine à l'occasion des plaisirs de *l'île enchantée*. En 1664, Louis XIV, impatient de consacrer ses premiers travaux, avait fait venir d'Italie le célèbre Vigarani pour diriger ces fêtes sous les ordres du duc de Saint-Aignan. Les grâces, la valeur, le génie furent tour à tour conviés à les embellir. Madame Henriette, mademoiselle de

La Vallière, madame de Montespan paraient de leurs attraits le banquet présidé par Anne d'Autriche. Dans le carrousel du palais d'Alcine, le duc de Guise, le comte d'Armagnac, le duc de Noailles, le marquis de Soyecourt, le prince de Marsillac combattirent sous des armures de chevaliers, autour du roi qui représentait Roger, monté sur un des plus beaux chevaux du monde « et portant une cuirasse de lames d'argent cou- « verte d'une broderie d'or et de diamants. » Enfin, Molière composa et fit jouer devant la cour *la Princesse d'Élide* dont la poésie, la danse et la musique firent les honneurs, et dont les vers étaient parfumés d'encens. En lisant le récit de ces brillantes solennités dans son style tout émaillé de fleurs et de pierreries (1), on croit assister aux merveilles fantastiques des Mille et une Nuits, et on répète avec l'auteur de Psyché :

« L'un et l'autre *soleils* sont rayonnants de gloire !
Ah ! si j'étais aidé des Filles de Mémoire,
De quels traits j'ornerais cette comparaison !
Versailles ! tu serais le palais d'Apollon....

---

(1) La description imprimée dans les OEuvres de Molière existe à la bibliothèque du roi, dans un manuscrit où les armes et les devises de chaque chevalier sont peintes sur vélin.

> Ce dieu, se reposant sous ces voûtes humides,
> Est assis au milieu d'un chœur de Néréides ;
> Toutes sont des Vénus de qui l'air gracieux
> N'entre point dans son cœur et s'arrête à ses yeux ;
> Il n'aime que Thétis, et Thétis les surpasse ;
> Chacune en le servant fait office de Grâce. »

Le poëte fait allusion sous le nom de Thétis à Marie-Thérèse, et le bon homme ne devine pas que la véritable reine de la fête était une jeune fille aux blonds cheveux, aux yeux pleins de douceur, à l'âme délicate et tendre, qui devait un jour expier dans les larmes et dans les austérités du cloître, cette royauté passagère et ces plaisirs d'un moment.

Louis XIV ne fixa sa résidence à Versailles qu'en 1681. Raconter tous les événements qui se sont passés dans ce palais, ce serait retracer en grande partie le règne de ce monarque, et tel n'est pas le but que nous nous sommes proposé dans ce premier aperçu. Dans le chapitre consacré à la description de chaque appartement, nous reproduirons les faits et les anecdotes qui s'y rattachent. Nous nous bornons ici à constater que le palais de Versailles était parvenu à ce degré de splendeur qui l'a mis au premier rang des résidences souveraines, et que de tous côtés l'admiration publique saluait et célébrait sa magnificence.

Pour ajouter au charme de cette royale demeure, Louis XIV avait fait bâtir, en 1671, le Grand-Trianon qui, « commencé à la fin de l'hi-« ver, dit Félibien, se trouva fait au printemps « comme s'il fût sorti de la terre avec les fleurs de « ses jardins, et dont les Grâces et les Amours « ont été les seuls architectes. » Ils en ont été aussi les hôtes, car madame de Montespan y venait souvent de son château de Clagny faire collation avec le roi et la reine (1). Mais ce palais qui porta d'abord le nom de palais de Flore, s'il avait l'éclat des attributs de cette déesse, en avait aussi la fragilité. Il fut remplacé en 1683, par le Grand-Trianon d'aujourd'hui (2), qui fut chanté par les beaux esprits du temps (3). Très-jeune encore, le duc de Bour-

(1) Lettres de madame de Sévigné.

(2) Cette maison de plaisance a été bâtie à l'une des extrémités du Parc, dans le lieu où étaient quelques habitations avec des terres, qui portaient le nom de village de *Trianon*, et que Louis XIV avait achetées, en 1663, des moines de Sainte-Geneviève. Le roi Louis-Philippe, en 1836, y a fait de nouveaux embellissements, qui lui permettront de l'habiter avec sa famille. Cette résidence, plus modeste, lui tiendra lieu du magnifique palais qu'il a consacré à la gloire nationale.

(3) Au retour du grand dauphin du siége de Philisbourg (1688), où les soldats l'avaient surnommé Louis le Hardi, on

gogne se mit lui-même au nombre de ses panégyristes : voici en quels termes il exprimait son admiration (1) :

« Où suis-je ? est-ce dans la belle Paphos ? ou bien me promenay-je, sans suivre de chemin, dans les heureux bois de Tibur, dans les campagnes de Baïes entrecoupées de ruisseaux, ou dans Tempé ornée par des bois toujours arrosés ? Je me trompe. Je vous salue, ô terre que Louis le Grand foule de ses pieds ! ô Trianon qui m'êtes plus agréable que tous les jardins fabuleux !

« Qu'admireray-je plutôt du jardin ou de la maison ? ces lieux cultivés par l'agréable Flore, ou ce palais qui brille de tous côtés par le marbre, les miroirs et la pourpre ? Les uns louent les tapis des barbares et les vases précieux de terre, riches présents envoyés par les peuples du Gange qui sont suppliants. Plusieurs s'étonnent de voir

---

représenta à Trianon un opéra, auquel le roi et la reine d'Angleterre assistèrent. La princesse de Conti, madame la duchesse et mademoiselle de Blois y dansaient, et en étaient le principal ornement; car du reste les vers en étaient très-mauvais, et la musique des plus médiocres.

(Madame DE LA FAYETTE.)

(1) Cette pièce inédite est un des très-rares manuscrits laissés par le duc de Bourgogne, et donne une idée poétique du Grand-Trianon à sa naissance.

des rois à qui la peinture a rendu la vie, et des dieux qui semblent respirer de nouveau, étant imités par la fonte, et qui sont le plus grand ornement de cette maison.

« Pour moi, je me plais à voir cette galerie ornée de jets d'eau, où les fontaines de Versailles paraissent rejaillir et se jouer encore d'une façon admirable. Voyez-vous comme Phébus renaissant sort du sein de la mer, et comme l'eau arrose Cérès chargée d'épis et Bacchus couronné de raisins? Voyez-vous ces bêtes qui errent dans ce bois qui imite l'ouvrage de Dédale; comme ces grenouilles vomissent l'eau de ce marais, et comme ce géant audacieux frappe les astres par les flots de la mer? Là, s'élèvent des fontaines égales aux colonnes; là, l'eau se rassemble, et forme comme une montagne; là, elle coule toujours d'un chêne vert. Elles ne me sont pas moins agréables, soit qu'elles arrosent le lieu préparé pour rendre la justice ou les bains chéris par Apollon, ou bien qu'elles jaillissent entre les statues des dieux, soit qu'elles ornent le lieu fait pour danser en rond, ou qu'elles imitent les décorations des théâtres et la pompe des triomphes.

« Pourquoi m'arrêtay-je? ce jardin invite toutes les muses, ce jardin à qui cèdent l'heureuse Hybla, les champs odoriférants des Phéaciens et la terre prodigue de Pestum qui produit tous les ans de nouveaux fruits. Un printemps perpétuel y règne, et les zéphyrs y soufflent incessamment, et, toute l'année, y vient une moisson hâtée de fleurs. On y voit toujours les roses consacrées à Vénus, et les lis aimés des François, et Clytie qui suit toujours le soleil. Pendant que vous y méprisez les hivers, ô Hyacinthe, Narcisse brûle de briller dans un mois qui n'est pas celui auquel il a coutume de paraître, et la vive anémone lui donne d'agréables ornements. Mais je vous chanterai, arbres toujours verts et trop orgueilleux par vos fruits d'or, et vous aussi lauriers qui ne croissez que pour faire des couronnes à Louis le Grand. Borée n'y fait jamais sentir son souffle furieux, de peur de nuire aux belles fleurs; et la brûlante canicule, et les froids excessifs de la chèvre les épargnent. La chose est encore plus grande qu'on ne la croit : les jardins ressemblent à Protée, et tout le parterre change agréablement d'un habit qui paraît tout de pierreries. Les naïades regardent avec étonnement ces jardins qui se transportent, et les ornent de leurs richesses, soit qu'elles se plaisent à pousser l'eau jusque dans les airs, soit qu'elles mettent sur des tables des vases d'eau et des nappes coulantes, ou qu'elles fassent serpenter des ruisseaux au milieu des gazons frais.

« C'est vous qui enrichissez ces jardins, Louis,

qui êtes comme l'astre de l'univers. C'est par vous que cette eau est animée, et que ces fleurs sont si agréables. C'est par vous que résonne au loin ce nouveau canal sur lequel une troupe de cygnes qui sont mêlés parmy ces barques dorées, le fier oiseau de Jupiter, le paon, et les bêtes sauvages qui vous ont été envoyées des rives du Nil et du Tanaïs, avouent que vous êtes leur maître. C'est là que couché à l'ombre sacrée d'un laurier, vous songez à donner un frein au cruel Mars, et à réjouir la terre fatiguée par les bienfaits de la paix. »

Dans les dernières années du règne de Louis, Versailles prit un caractère plus sérieux et plus austère; c'est qu'une femme dépositaire du secret des amours du roi, mêlant à de bénignes attentions de mystiques coquetteries, avait supplanté madame de Montespan dans la faveur royale, et qu'en 1686, dans un petit oratoire du palais, en présence de l'archevêque de Paris et du père La Chaise, Louis XIV avait épousé madame de Maintenon.

L'ameublement du palais perdit aussi quelque chose de sa magnificence. C'était l'époque où l'Europe, enhardie par nos revers, voulait imposer à la vieillesse de Louis XIV une paix humiliante. La France, épuisée d'hommes et d'argent, était dans la consternation : l'alarme était à Versailles. Les ministres, effrayés des progrès du prince Eugène, avaient proposé au roi de se retirer derrière la Loire, au château de Chambord. Indigné de ce lâche conseil, Louis, contre l'avis de tous, décida que la seule réponse à faire à l'Europe c'était la guerre; et Villars fut mandé à Versailles où il reçut l'ordre d'aller prendre sur-le-champ le commandement de l'armée. « Adieu, « sire, lui dit le maréchal, je vais combattre vos « ennemis et je vous laisse au milieu des miens. « —Allez, M. le maréchal, lui répondit le roi en « l'embrassant : si le sort des armes vous était « contraire, je ramasserais tout ce que j'aurais « encore de troupes, je me mettrais à la tête de « ma noblesse, et je saurais faire un dernier ef- « fort avec vous et périr ensemble ou sauver « l'État. » Dans son élan magnanime, et pour payer les premiers frais de la guerre, il n'hésita pas à dépouiller son palais, comme en 1688, de ses plus riches ornements (1). Les lauriers de

---

(1) « Lorsque, en 1709, il fut question parmi les courtisans de faire le sacrifice de la vaisselle et des objets de luxe qu'ils possédaient, on se souvint des railleries de l'étranger, lorsqu'en la guerre de 1688, tant de précieux meubles d'argent massif, qui faisaient l'ornement de la galerie et des grands et petits appartements de Versailles, furent envoyés à la Monnaie, jusqu'au trône d'argent; le souvenir du peu qui en revint, et de la perte inestimable de ces admirables façons, plus chères

Denain payèrent largement ce sacrifice, et pour n'avoir pas désespéré de l'honneur français, le grand roi mourut dans toute la dignité de sa gloire.

Après la mort de Louis XIV, le régent, pour se conformer à ses dernières volontés, fit conduire d'abord Louis XV, enfant, à Vincennes (1); il l'établit ensuite aux Tuileries; mais, à sa majorité, dans l'année 1722, Louis XV revint habiter Versailles où il était né.

Ce prince avait bien dans les traits, dans la taille, dans la tournure, la majesté de son bisaïeul; mais loin de partager sa passion pour le faste et l'appareil des cours, il recherchait toutes les occasions d'échapper aux embarras de la représentation royale. Naturellement timide, ennemi de l'étiquette, facile à subir les influences étrangères, on le vit asservir ses goûts à toutes les fantaisies des favorites qui le gouvernaient, et Versailles à son tour reçut les empreintes de ces divers caprices. Ainsi, lorsque madame de Châteauroux éveillait dans l'âme indolente du mo-

---

que la matière, détermina plusieurs ministres à s'opposer à ce projet. Cependant, malgré ces raisons, le roi persista. »
(Mémoires de Saint-Simon.)

(1) « Aussitôt après ma mort, le jeune roi sera mené à Vincennes, l'air y étant très-bon. » (Testament de Louis XIV.)

narque l'amour de la gloire, un air de grandeur et de magnificence, digne du vainqueur de Fontenoy, circulait encore dans Versailles. Madame de Pompadour paraît, et avec elle le règne des madrigaux, des pompons et des colifichets; tout revêt cette légèreté, cette afféterie, ce goût des jolis riens qui formaient le caractère de cette reine de boudoir, et le pinceau de Boucher transforme le palais de Louis XIV en une bergerie où l'on ne peut faire un pas sans rencontrer Tyrcis ou Corydon une rose à la main. Enfin, sous l'empire d'une courtisane devant laquelle s'évanouit la majesté royale, le trône est transporté ou plutôt caché dans les *petits appartements;* de là ces distributions mesquines, ces vastes pièces converties en cabinets intérieurs que Louis XV fit décorer à grands frais pour servir de temple à ses mystérieux plaisirs. Son architecte, Gabriel, lui avait persuadé d'ordonner une restauration générale du palais; mais la mort vint surprendre ce monarque au milieu de ce projet qui sans doute aurait rendu méconnaissable la merveille de Mansard, à en juger par le pavillon et la partie de l'aile près de la chapelle du côté de l'avenue de Paris, qui furent bâtis dans les années 1772 et 1774. Gabriel, selon l'usage, aima mieux travailler sur un plan de son invention, que de chercher à mettre en harmonie les travaux nouveaux avec l'ancienne architecture, sans s'inquiéter si les créations de son génie ne dénatureraient pas le caractère primitif du monument.

C'est aussi sous la direction de Gabriel que Louis XV fit élever le *Petit-Trianon*, maison de fantaisie où l'art eut à lutter sans gloire contre le goût du temps et les exigences d'un maître qui voulait soumettre l'architecture elle-même à la bizarrerie de ses caprices.

La reine Marie-Antoinette avait pris ce séjour en affection. Elle chargea Mique, son architecte, et Robert, peintre du roi, d'y faire de nombreux embellissements. Tous deux y prodiguèrent ces accidents factices, ces artifices d'imitation, à l'aide desquels on se flatte de remplacer les véritables beautés de la nature; et cependant les ombrages du Petit-Trianon étaient si frais, les eaux si belles, l'habitation si tranquille et si douce, que Louis XVI et sa cour préféraient la simplicité de cette retraite à la splendeur de la demeure de Louis XIV. Le temps n'était plus d'ailleurs où les princes et les grands seigneurs traînaient à leur suite ce monde de gentilshommes, d'écuyers, de pages, de courtisans, qui seuls pouvaient remplir la vaste magnificence des appartements du grand roi. On briguait encore un logement à Versailles; mais on se croyait disgracié si l'on n'était pas admis aux plaisirs plus intimes du Petit-Trianon. « On y avait établi, dit madame Campan, tous les usages de la vie de château. Madame Élisabeth y accompagnait la reine, mais les dames d'honneur et les dames du palais n'y furent point établies. Le roi et les princes y venaient régulièrement souper ; une robe de percale blanche, un fichu de gaze, un chapeau de paille, étaient la seule parure des princesses. Leur plaisir était de parcourir les fabriques du hameau, de pêcher dans le lac et de jouer la comédie. »

On délibéra si l'on jouerait sur ce théâtre (1) le *Mariage de Figaro*, qui n'avait pas encore été représenté à Paris. Une partie de la cour le désirait ; le roi se fit lire la pièce par madame Campan, et la représentation n'eut pas lieu. L'esprit novateur de Beaumarchais avait effrayé Louis XVI ; il semblait pressentir que ce hardi scepticisme et ces idées d'égalité n'attendaient dans toute la France qu'une étincelle pour éclater...

En effet, cinq ans plus tard, l'assemblée nationale prêtait le serment du jeu de paume ; le

---

(1) Le joli théâtre de Trianon a été restauré par le roi Louis-Philippe. L'on y a joué le *Pré-aux-Clercs*, avec un divertissement dansé par l'Opéra, devant le roi de Naples, en 1836.

prestige de la royauté tombait devant l'audace de Mirabeau, et la famille royale abandonnait Versailles pour n'y plus revenir.

Pendant la révolution, le troisième jour du second mois de la seconde année de la république, des représentants du peuple furent chargés par la convention de faire l'inventaire des effets les plus précieux de ce palais et de les envoyer à Paris au comité d'aliénation (1). Après avoir dépouillé cette résidence de ses meubles et de ses ornements, on essaya d'y établir une succursale de l'hôtel des Invalides; l'essai ne fut pas heureux; des vandales alors proposèrent de le morceler pour le vendre. L'élévation de Bonaparte au pouvoir consulaire sauva ce monument. Devenu empereur, Napoléon songea à le rétablir dans sa grandeur première. Gondoin, l'architecte à qui nous devons l'École de Médecine, lui présenta un plan qui s'élevait à cinquante millions; l'empereur, effrayé de cette somme, demanda à MM. Percier et Fontaine un projet moins dispendieux qu'il examina à Trianon pendant le voyage de 1808 (2). La guerre

---

(1) Nous avons examiné les procès-verbaux originaux de cet inventaire, qui a été fait avec une telle conscience que les carpes des bassins n'ont pas été oubliées.

(2) Voici la note que Napoléon dicta aux auteurs du projet : « Il faut bien penser au projet sur Versailles. MM. N.... en

d'Espagne et la campagne de Russie emportèrent ce projet avec bien d'autres, et sous l'empire, on se borna à mettre en état les appartements de Versailles, à reconstruire des murs fatigués par le temps, à réparer les conduits et les aqueducs.

Une des premières pensées de Louis XVIII, à son avénement au trône en 1814, fut de rétablir la cour à Versailles. Le projet de MM. Percier et Fontaine fut repris, et pour six millions on répara les façades du château, on éleva un pavillon correspondant à celui que Gabriel avait bâti sous Louis XV; on restaura les peintures et les dorures des grands appartements; mais l'arrangement intérieur et l'ameublement auraient entraîné des dépenses devant lesquelles la prudence de Louis XVIII recula.

« présentent un raisonnable, dont la dépense est de six mil-
« lions; mais je ne vois pas de logements suffisants, ni la res-
« tauration de la chapelle et de la salle de spectacle. D'après
« ce projet, j'aurai la jouissance des grands appartements,
« l'Empereur et l'Impératrice seront logés.... A présent il faut
« connaître ce que l'on pourra avoir sur la même somme en
« logements de princes et de grands officiers; il faut sur les
« six millions trouver encore six logements de princes, douze
« de grands officiers, et une cinquantaine d'autres. Alors seu-
« lement on pourra dire qu'on peut habiter Versailles et y pas-
« ser un été. » (Extrait des Résidences des souverains, par MM. Percier et Fontaine, 1833.)

Les choses restèrent dans le même état sous le règne de Charles X.

Il était réservé au roi Louis-Philippe de restituer à ce palais son antique splendeur; cependant les temps avaient marché; Versailles ne pouvait plus revivre aux conditions de la monarchie de Louis XIV; il ne pouvait plus être le séjour d'un peuple de courtisans, ni l'olympe d'un monarque. Mais devenir le rendez-vous de toutes les illustrations de la France, recueillir l'héritage de toutes ses gloires, et sans se dépouiller des souvenirs de sa grandeur passée, revêtir une grandeur nouvelle, toute nationale, était une destinée non moins belle, non moins auguste que la première. C'est celle que lui a faite le roi Louis-Philippe. D'une part, ce prince a pris soin d'effacer les distributions mesquines, les arrangements de complaisance par lesquels on avait défiguré la grandeur de Louis XIV; il a créé à grands frais de nouveaux salons, des galeries immenses; il a restauré les lambris, les plafonds, les peintures; il a prodigué partout l'or, les meubles, les ornements; il a ajouté une majesté nouvelle à la majesté des anciens appartements..... On croirait que Louis XIV n'est absent que d'hier !

D'autre part, on a fait revivre sur la toile tous les hommes, toutes les actions, toutes les batailles qui ont illustré les annales françaises depuis le berceau de la monarchie jusqu'à nos jours, et on en a décoré tous les appartements. Ici, ce sont nos plus beaux faits d'armes sous les premières races ; là, c'est Louis XIV environné de toutes les grandeurs de son règne ; plus tard, 1792 avec son élan, sa jeunesse et ses brillantes métamorphoses, et puis Napoléon avec tous les prodiges de l'empire ; enfin le peuple de juillet, avec ses mille bras, combattant pour la charte et plaçant la liberté sous l'égide des lois.

Nous laissons naturellement à d'autres le soin d'apprécier la pensée qui d'un palais, consacré à l'apothéose d'un seul homme (1), a fait le palais de toutes les grandeurs nationales, et qui, loin de circonscrire la majesté de ce monument dans les limites d'un seul règne, l'a étendue à toutes les époques de notre histoire, confondant ainsi dans un même hommage la France de tous les temps, adoptant toutes ses gloires et les rassemblant dans un même sanctuaire comme elles n'ont eu qu'une même patrie.

La collection historique que renferme le palais

---

(1) « Comme le soleil est la devise du Roi, et que les poëtes « confondent le soleil et Apollon, il n'y a rien dans cette su- « perbe maison qui n'ait rapport à cette divinité. »
(Description du Château de Versailles, par FÉLIBIEN. 1674.)

de Versailles peut se diviser en quatre parties principales :

    1° Les tableaux ;
    2° Les portraits ;
    3° Les bustes et statues ;
    4° Les vieux châteaux et les marines (1).

Les tableaux représentent :

1° Les grandes batailles qui, depuis le commencement de la monarchie jusqu'à nos jours, ont immortalisé les armes françaises.
2° Les événements ou les traits les plus remarquables de nos annales historiques.
    3° Le siècle de Louis XIV.
    4° Les règnes de Louis XV et de Louis XVI.
    5° La brillante époque de 1792.
    6° Les victoires de la république.
    7° Les campagnes de Napoléon.
    8° Les actions mémorables de l'empire.
    9° Le règne de Louis XVIII.
    10° Le règne de Charles X.
    11° La révolution de 1830.
    12° Le règne de Louis-Philippe.

---

(1) Le Roi se propose aussi de mettre à Versailles la collection générale des médailles historiques françaises.

Il faut ajouter à l'énumération de ces tableaux l'admirable collection des gouaches qui retracent la campagne d'Italie.

Les portraits comprennent :

1° La collection de tous les rois de France, depuis Pharamond jusqu'à Louis-Philippe.
2° Tous les grands amiraux de France.
3° Tous les connétables.
4° Tous les maréchaux.
5° Tous ceux de nos guerriers célèbres qui n'ont été revêtus d'aucune de ces dignités.

Indépendamment de ces séries toutes composées de noms français, le roi, d'accord avec notre caractère national qui, pour être jaloux de sa propre gloire, n'en rend pas moins justice à la gloire des autres nations, a rassemblé dans une galerie immense les portraits des personnages de tous les temps, de tous les pays, qui se sont illustrés sur le trône, dans l'ordre politique, à la guerre, dans la magistrature, dans les sciences, dans les lettres, dans les arts ; ainsi, on voit Charles-Quint à côté de François Ier, le prince Eugène à côté de Villars, Marie-Thérèse à côté du grand Frédéric, Léon X près de Richelieu, Newton près de Descartes, Alfiéri près de Corneille ; ainsi l'œil et la pensée assistent à la représentation universelle de tout ce qui a honoré l'humanité.

Les bustes et les statues forment également des galeries de personnages célèbres depuis les premiers siècles de la monarchie jusqu'à nos jours. On y a joint les tombeaux des rois et reines, princes et princesses de France (1).

Les vieux châteaux forment une collection de vues des anciens châteaux de la France avec les personnages dans le costume du temps. Tout y est d'une grande exactitude, car les tableaux sont de l'époque.

Les marines représentent quelques-unes de nos batailles navales.

Réunir toutes ces richesses dans un même lieu était déjà un grand travail ; ce n'était pas tout. Il fallait encore les classer de manière à permettre à celui qui les visiterait de les suivre de l'œil et de la pensée sans peine et sans confusion. L'ordre chronologique s'offrait à l'esprit comme le plus satisfaisant, mais il était entouré de sérieuses difficultés. En effet, il ne s'agissait pas de ranger

---

(1) La plupart de ces tombeaux étaient au musée des Petits-Augustins, à Paris. Quant aux images des princes et princesses, le Roi les a fait mouler sur les statues et bustes conservés dans les caveaux de Saint-Denis, et dans plusieurs autres résidences.

par date, dans une seule et même galerie, une série de tableaux dont la forme et la hauteur auraient été calculées d'avance sur les proportions de l'emplacement. Le roi Louis-Philippe a fait d'immenses travaux dans l'intérieur du palais de Versailles; grâces à d'heureux changements, des amas de petits appartements sont devenus de vastes salons ou de magnifiques galeries; mais enfin le palais existait; il existait séparé en trois corps de logis, divisé en plusieurs étages, distribué en pièces de diverses grandeurs; d'autre part, un grand nombre de tableaux étaient déjà faits. On n'était donc maître ni de disposer les places pour les tableaux, ni de créer tous les tableaux pour les places; il fallait accepter ce qui était, il fallait combiner l'ordre historique tant avec la disposition générale des bâtiments qu'avec leur distribution intérieure; il fallait enfin coordonner les dimensions des tableaux avec l'étendue des pièces destinées à les recevoir.

Ces obstacles préexistants à tous projets, indépendants de toutes les prévisions, plus impérieux que toutes les volontés, ne permettaient pas de s'asservir rigoureusement aux règles absolues de la chronologie.

La collection historique de Versailles offre dans son ensemble les principaux faits, les principaux personnages qui ont illustré nos annales; le catalogue général en fera foi : libre de toute entrave, il pourra assigner à chaque tableau, à chaque portrait sa place dans l'ordre chronologique ; mais sous l'empire des difficultés que présentait la dimension des tableaux ou la disposition des appartements, il n'était point possible de suivre ainsi pas à pas sur une même ligne la marche du temps, comme on peut le faire dans une série de numéros (1). Il a donc fallu adopter un système qui suppléât aux exigences des localités. On a créé de grandes divisions historiques ; on a adapté à chaque salle, à chaque galerie une série de faits ou de personnages rangés par ordre chronologique, aussi complète que le nombre des tableaux le permettait, aussi étendue que le comportait la dimension des pièces. Dans l'aile du sud, par exemple, ici c'est la collection d'un certain nombre de nos grandes batailles, depuis Tolbiac jusqu'à Wagram ; là, les premières campagnes de Napoléon ; dans le corps central du palais, c'est la réunion de tous les maréchaux de France ; dans l'aile du nord, une série d'événements historiques depuis Charlemagne jusqu'à nos jours.

(1) Ainsi la Bataille d'Aboukir se trouve dans la même salle que le Sacre de Napoléon, parce que la grandeur de ces tableaux ne laissait pas la faculté de les installer ailleurs.

Ce système, le seul qui fût compatible avec les dispositions intérieures du palais, offre aussi cet avantage que si l'on veut ajouter à la collection de Versailles une nouvelle série historique, cette addition n'occasionnera pas le moindre dérangement dans l'ordre actuellement établi. L'esprit et la mémoire se complairont d'ailleurs dans cet ordre si commode pour étudier l'histoire, si favorable aux méditations qu'elle inspire. En effet, ces premiers élans de la liberté, ces premières victoires du drapeau tricolore, ces guerriers qui commençaient, jeunes et obscurs, cette longue carrière d'exploits qu'ils ont si glorieusement parcourue, ces simples uniformes qui cachaient des maréchaux et des rois, donnent à la salle de 1792 une physionomie pittoresque, originale, qui frappe plus vivement la pensée; tous les souvenirs de Marengo groupés dans la même enceinte rehaussent encore cette bataille si féconde en résultats; enfin n'est-ce pas un plus digne hommage rendu à la révolution de 1830 que d'avoir élevé pour elle seule une salle grande et belle comme son souvenir?

L'ancienne dénomination de certains appartements aurait formé un étrange contraste avec les tableaux qu'on y a placés; afin de concilier les anciennes traditions avec les modifications nouvelles, on a conservé à côté de la désignation moderne le nom consacré par l'usage; ainsi on dit : Salle de 1792, *ancienne salle des Cent-Suisses;* salle du Sacre de Napoléon, *ancienne salle des Gardes.* De cette manière, les souvenirs du passé ne disparaîtront pas devant les dispositions du présent, car le palais de Versailles est tout à la fois resté le palais de Louis XIV, et devenu le temple des arts et de la gloire française.

Tels sont les soins qu'on a pris, les travaux qu'on a ordonnés (1), les sacrifices qu'on a faits pour rendre ce grand œuvre digne de la pensée nationale qui l'a inspiré, du séjour royal qui l'a recueilli, et du grand peuple dont il raconte l'histoire.

(1) Le roi Louis-Philippe a fait à Versailles, depuis 1833, près de cent voyages pour presser l'exécution des travaux dirigés par M. Nepveu, architecte du Palais.

CHAPITRE II.

Cour du Palais.

Un vieux serviteur de Louis XIII, C. Denis (1), pour remercier Louis XIV des faveurs que *sa bonté magnifique répandait sur ses enfants*, lui dédia sur les merveilles de Versailles un poëme qui commence par ces vers :

> « Ce lieu si magnifique et ce pompeux séjour,
> Présente un beau spectacle en entrant dans la cour ;
> Et l'on ne peut trouver, quelque part que l'on aille,
> De Palais comparable au Palais de Versaille.
> Quatre gros pavillons pompeusement parés,
> Font face à ce Château dont ils sont séparés.
> Deux balcons soutenus de six grosses colonnes,
> Glorieux de porter de royales personnes,
> Qui font de ce Palais l'ornement et l'honneur,
> Témoignent sur leur front l'excès de leur bonheur.
> Chaque balcon portant des vases, des figures,
> Des balustres ornés de diverses peintures,

---

(1) Commandant des fontaines de la ville et des parcs de Versailles.

Où l'or brille et ravit les yeux du spectateur,
Des ailes du Palais égalent la hauteur.
Huit colonnes de jaspe au fond de cette place
En supportent un qui fait une belle face;
Plusieurs autres balcons de colonnes portés,
Ont le même ornement, et sont aux deux côtés;
Ils sont tous faits de fer, et les mains de Lobelle
Ont signalé son nom par une œuvre si belle.
Mais quittons ces objets : la cour a des beautés
Où pour les contempler nos yeux sont invités.
Au milieu de la cour un bassin a la gloire
De passer en blancheur et l'albâtre et l'ivoire.
Là, deux petits Amours un Triton embrassants
Lui témoignent qu'ils ont des cœurs reconnaissants.
On voit aux deux côtés où le même état brille,
Deux beaux bassins de marbre en façon de coquille;
Deux volières de fer toutes brillantes d'or,
Dessus ces deux bassins augmentent le trésor;
Des figures de prix, des corniches fort belles,
Des balustres dorés enrichissent les ailes;
On y voit quantité de bustes d'empereurs,
Dont les noms autrefois imprimaient des terreurs.
D'un modeste regard contemplons ces merveilles,
Dont les siècles passés n'ont point vu de pareilles,
Des meubles précieux les pompeux ornements,
Et tout ce qu'on peut voir dans les appartements;
Les riches cabinets garnis de pierreries,
Et les buffets d'argent et les orfévreries,
Les urnes, les bassins et plusieurs pots de fleurs,
Les lambris qui sont peints de diverses couleurs,
Les glaces, les miroirs, le jaspe et le porphire,

Et tout ce qu'a de beau le plus puissant empire ;
Si bien qu'examinant tout d'un soing diligent
On trouve cinq à six cents mille marcs d'argent (1).

On comprendra sans peine que si nous avons cité ces vers, c'est moins pour le mérite de la poésie que pour la vérité des détails. L'auteur était là, dans le palais de Versailles ; il écrivait en 1674, il a assisté à tous les travaux, et les rares descriptions qui en existent prêtent à son récit un intérêt didactique. En effet, on y retrouve et le vieux palais de Louis XIII et les premiers embellissements ordonnés par Louis XIV. C'est que, dit Félibien, « S. M. a eu cette « piété pour la mémoire du feu roi, son père, « de ne rien abattre de ce qu'il avait fait bâtir. » Telle était à cet égard la ferme volonté de Louis XIV, que lorsque Jules Hardoin Mansard, qui avait remplacé Leveau dans la direction des bâtiments, chercha à persuader au roi, dans l'intérêt de ses nouveaux plans, que cet édifice n'était pas d'une bonne construction : — « Il faut l'a- « battre, répondit ce prince avec humeur, mais « il sera rétabli comme il est. » Le château de briques resta donc debout. Il était simple, sans autre ornement qu'une longue balustrade en fer qui régnait tout autour de ses croisées ; il était

(1) Manuscrit de la bibliothèque du roi.

environné de fossés, et donnait, du côté de Paris, sur une place plantée d'arbres, et du côté du parc sur des bois qui serraient de près le château et qui servaient aux plaisirs de la chasse, comme l'attestent les plans et les gravures du temps. Leveau y fit d'abord quelques embellissements ; mais ils devinrent insuffisants lorsque Louis XIV conçut le projet de transporter à Versailles son gouvernement et sa cour. Du côté de Paris, Mansard commença par orner le vieux château de statues, de bustes, de vases, de balcons dorés, de portiques à colonnes ; il fit combler les fossés et les remplaça par une grille dorée, en dehors de laquelle il éleva, pour loger les ministres, quatre gros pavillons, auxquels il ajouta plus tard deux ailes de bâtiments. Ce sont ces deux ailes avec leurs pavillons qui ont fait appeler *cour des ministres* la *grande cour* où elles sont situées.

Cette cour n'existait pas : Louis XIV la créa aux dépens de la promenade publique, lorsque, pour donner plus de grandeur aux avenues de son palais, il forma la place d'armes et construisit les écuries. Il la sépara de cette place par une grille richement dorée, aux deux côtés de laquelle on remarquait les deux groupes de pierre que l'on y voit encore aujourd'hui, l'un de Girardon, représentant l'*Espagne domptée sous la forme d'un lion;* l'autre de Marsy, représentant *l'aigle de l'Empire vaincu* (1).

(1) En feuilletant le *devis manuscrit des ouvrages pour les bâtiments du roi,* nous avons trouvé cette note relative à ce groupe : pour la pose et façon...... 2200 ⎫
       Achat de la pierre......... 400 ⎬ 3200 liv.
       Pour le gain............ 600 ⎭

Il nous a paru assez curieux de reproduire ici quelques indications puisées dans le même devis, comme donnant un aperçu des prix de certains objets d'art ou matériaux, et de la main-d'œuvre du temps :

Dorure d'ornements des grilles du château...............	3 liv. 15 s. le pied.
Figures en pierre...........	300
Trophées.................	150
Vases...................	30
Glaces de la manufacture de Paris. 14 pouces de hauteur	10
id. 28 pouces........	60
id. 37 pouces........	230
id. 40 pouces........	425
Marbres achetés par Colbert :	
De Carrare, le pied cube...	20
Pyrénées....... *id.*	15 à 18
Bourbonnais.... *id.*	12
Vert d'Égypte... *id.*	40
Journées des ouvriers :	
Appareilleurs, les plus forts..	2 liv. 5 sols.
Piqueurs	1 5
Poseurs de pierres..........	1 12

La grille qui avait remplacé les fossés formait, en 1674, une ligne droite avec des pilastres surmontés de vases de pierre, et se terminait aux deux pavillons à colonnes ajoutés par Mansard. Les quatre éléments, représentés chacun par trois figures, ornaient les balcons de pierre qui couronnaient ces pavillons : Cérès, Pomone et Flore représentaient *la terre*; Vulcain et les deux cyclopes Stérops et Bronte, *le feu*; Neptune, Téthys et Galathée, *l'eau*; Junon, Iris et Zéphire représentaient *l'air*. « Ces figures, dit
« Félibien, n'avaient pas été placées au hasard ;
« elles ont relation au soleil ; et comme ces deux
« ailes sont destinées aux offices de la bouche,
« du gobelet, de la panneterie, de la fruiterie et
« des autres offices de Sa Majesté, on a voulu
« montrer que les quatre éléments fournissent à
« l'envi l'un de l'autre tout ce qu'ils ont de plus
« exquis pour la nourriture des hommes : *la*
« *terre* donne libéralement ses animaux, ses
« fruits, ses fleurs et ses liqueurs ; *l'eau* fournit
« les poissons ; *l'air* les oiseaux, et *le feu* le
« moyen d'apprêter les aliments. »

Limosins, les meilleurs...... 1 liv. » sols.
Maçons................... 1   10
Manœuvres, douze à....... »   14

Les troupes étaient chargées des travaux de terrassement ; on a employé jusqu'à trente mille hommes à la fois.

Cette cour prit le nom de *cour royale* lorsqu'on fit la cour des ministres ; sa grille droite fut remplacée par une autre de forme semi-circulaire, plus riche, et ornée de deux groupes représentant l'*Abondance* et *la Paix*. La porte de cette grille, décorée des chiffres et des armes du roi, était là où se trouve aujourd'hui la statue équestre de Louis XIV.

On n'était admis dans la *cour royale* que lorsqu'on avait les honneurs du Louvre, c'est-à-dire le droit de recouvrir sa voiture d'une tenture de velours avec ses armes dans les coins. Ceux qui ne jouissaient pas de ce privilége trouvaient à l'entrée de la cour des chaises à porteur, dites *chaises bleues*, qui les transportaient pour six sous jusqu'aux vestibules des escaliers de marbre.

Dans la partie gauche de cette cour, à l'angle du vieux château où se trouve au rez-de-chaussée la croisée qui fait face à l'avenue de Paris, logeait un valet de garde-robe, chargé de faire connaître l'heure *du lever* du roi. Les courtisans et les solliciteurs ont été de tout temps une gent fort matinale; ils ne se faisaient point scrupule de devancer le point du jour, pour venir frapper à la croisée du valet de garde-robe et l'éveiller brusquement... l'ambition est sans pitié ! mais le bonhomme aimait à dormir tranquille, et, fatigué de se voir si fréquemment troublé dans son sommeil, il avait imaginé de placer au carreau de la fenêtre, avant de se coucher, une carte dont le nombre des points marquait l'heure *du lever*. Le huit de trèfle, par exemple, disait *huit* heures; le dix de pique, *dix* heures, etc. Plus tard, il substitua au jeu de cartes un cadran dont il se bornait à mettre l'aiguille sur l'heure qu'il devait annoncer. Grâce à cet ingénieux expédient, sa paresse fut respectée; on connut l'heure du lever du roi, sans déranger le *lever* du valet de garde-robe.

De la cour royale, on montait trois marches, et après avoir passé un palier, cinq marches encore, et on se trouvait en face du vestibule du corps central du château, dans une petite cour élevée, qui s'appela *cour de marbre* lorsque Louis XIV l'eut fait paver d'un *marbre blanc et noir*, avec des bandes de *marbre blanc et rouge*.

Au milieu était un bassin de marbre blanc, orné de figures en bronze doré, et dans les deux angles deux volières de fer doré en forme de tourelles, au-dessous desquelles on remarquait deux coquilles avec deux jeunes tritons lançant de l'eau. L'élévation de cette cour ne permettait pas à Louis XIV de monter en voiture à couvert dans cette partie du château; Monicart, l'auteur des *Merveilles parlantes de Versailles*, l'atteste par ces vers :

« Si le roi sort en carrosse, à cheval,
Son petit escalier donnant sur mon (1) passage,
Il me traverse à pied; car à mon carrelage
Voitures ni chevaux n'ont jamais fait de mal.
On voit que son carrosse est à quelque distance
Du petit escalier de son appartement.
Ces cinq marches ici causent l'empêchement
    Que le cocher plus près n'avance ;
    Et dans trente pas tout au plus
    Que Louis à pied vient de faire,
Il rejoint sa voiture unie à l'ordinaire,
    Et sans ornements superflus.
    Il sort avec fort peu de suite ;
Trente gardes au plus ! l'escorte est bien petite ;
Et le voilà parti pour aller prendre l'air,
Ce qu'il fait tous les jours, l'été comme l'hiver. »

Le corps du milieu du palais avait trois ouvertures dont les portes étaient de fer doré, et au-dessus desquelles s'élevait un balcon soutenu par huit colonnes de marbre jaspé de blanc et de rouge. C'est par là que les personnes de la cour passaient pour se rendre dans les jardins, où le public n'entrait que par deux grilles, situées aux deux extrémités de la cour des ministres.

(1) C'est la cour de marbre qui parle.

La cour de marbre fut plus d'une fois témoin des fêtes que Louis XIV aimait à donner : en 1674, après la conquête de la Franche-Comté, on y représenta la tragédie lyrique d'*Alceste*, de Lulli et Quinault. « Le théâtre occupait « toute la petite cour; les deux côtés étaient « ornés de douze caisses de grands orangers, « qui laissaient voir, dans le point de la pers- « pective, les huit colonnes de marbre qui por- « tent le balcon doré. Devant chaque caisse « s'élevaient des guéridons d'or et d'azur, char- « gés de girandoles de cristal et d'argent, allu- « mées chacune de dix bougies; et de grands « vases de porcelaine, remplis de fleurs, étaient « disposés pour empêcher que l'eau ne tombât « dans le bassin de marbre où elle aurait fait du « bruit. »

Une autre fois, Louis XIV y fit servir un magnifique souper « sur une table placée autour de « la fontaine, et chargée de tubéreuses et d'œil- « lets; cette table servait de base à huit consoles « de lapis enrichies d'or, qui s'élevaient à la « hauteur de quatorze pieds, et portaient huit « figures d'argent drapées d'or. Mille lumières « y formaient une colonne de feu, et les violons « et les hautbois remplissaient l'air d'une douce « harmonie. »

C'est aussi dans cette cour que se faisait la

procession du *vœu de la Vierge* (1), et qu'à la naissance du dauphin, fils de Louis XVI, les corps des arts et métiers de Paris se rendirent en grande cérémonie pour présenter leurs hommages au roi. Les ramoneurs, vêtus élégamment, portaient une superbe cheminée, au haut de laquelle on voyait un petit compagnon; les porteurs de chaises avaient une chaise dorée dans laquelle étaient une nourrice et un petit dauphin; enfin tous les métiers avaient leurs attributs. Le roi resta longtemps à son balcon, et prit beaucoup de plaisir à jouir de ce spectacle.

Si le respect que Louis XIV eut pour le château de Louis XIII ne permit pas à Mansard de déployer son génie du côté de l'avenue de Paris, cet architecte prit dans l'intérieur du palais et du côté des jardins une brillante revanche. Les grands appartements, la galerie des glaces, l'aile neuve du nord, l'aile neuve du sud, attestent sa gloire et la grandeur de Louis.

Aujourd'hui les cours ne sont plus séparées;

---

(1) Le roi alla à vespres, et ensuite il y eut procession dans la cour. Cette procession fut établie par le feu roi quand il mit le royaume sous la protection de la Vierge. Avant cela il était sous la protection de saint Michel, et plus anciennement sous la protection de saint Martin. »

(Dangeau, 15 août 1694.)

on ne retrouve plus les volières, les bassins, les groupes de bronze qui ornaient la cour de marbre, ni la grille dorée qui enfermait la *cour royale*. Des deux ailes dont elle était bordée, et qui servaient aux officiers sous Louis XIV, celle de droite avec son pavillon fut complétement abattue sous Louis XV, pour faire place à l'*aile Gabriel;* celle de gauche existe encore, sauf le pavillon à statues qui la terminait, et qui a été détruit pour faire place au pavillon à colonnes élevé sous Louis XVIII par MM. Percier et Fontaine.

Louis-Philippe n'a point changé l'ordonnance extérieure des bâtiments; seulement, par d'utiles dispositions, il a relié l'aile Gabriel avec l'aile droite du vieux palais.

La cour de marbre, par son élévation au-dessus du sol, masquait la double vue du parc et de l'avenue de Paris. On a fait disparaître ce grave inconvénient. Cette cour a été repavée en marbre, mais abaissée de manière que l'œil peut à présent jouir des deux côtés d'un magnifique spectacle.

C'est peu : la cour du palais devait recevoir une décoration digne de la majesté du lieu et de sa nouvelle destination. Louis XIV y a reparu dans toute sa grandeur; sa statue équestre (1),

(1) La statue équestre de Louis XIV en costume du temps

placée par ordre du roi, domine les trois grandes avenues qui conduisent au palais, et s'élève au milieu de seize statues colossales qui représentent la France de tous les temps dans sa gloire politique et militaire. C'est Du Guesclin dont l'ombre gagnait des batailles; Bayard, l'honneur de la chevalerie; Turenne et Condé, un moment séparés par des intrigues de cour, mais réunis par l'immortalité; c'est Duquesne, Dugay-Trouin, Tourville, Suffren, qui ont fait flotter victorieux sur les mers le pavillon français; c'est Suger, dont la sagesse maintint la paix compromise par la sainte manie des croisades; Sully, le digne ami du roi le plus aimé du peuple; Richelieu qui, selon la belle expression de Montesquieu, fit de Louis XIII le premier roi de l'Europe et le second homme de la France; Colbert, heureux sans doute de se retrouver sous les yeux du grand roi, dans ce même palais où tant de fois il lui donna des conseils utiles à la prospérité du royaume; c'est Fleurus et Zurich, sous les traits de Jourdan et de Masséna; Montebello, honoré des hommages de la patrie et des larmes de Napoléon; enfin,

---

est l'ouvrage de Petitot; le cheval, dû à feu Cartelier, avait été primitivement destiné à la statue de Louis XV, qui devait être érigée au milieu du rond-point des Champs-Élysées.

le vainqueur de Diernstein, Mortier, perdant sous la balle d'un assassin, au milieu d'une fête, les restes d'une vie épargnée par quarante ans de combats...... Alliance de siècles, de grandeurs et de renommées, qui révèle dès le premier pas la pensée toute française qui a présidé à la création du palais historique de Versailles !

CHAPITRE III.

APERÇU GÉNÉRAL

De l'Intérieur du Palais.

Le palais de Versailles se divise en trois corps de bâtiments principaux : le *corps central*, l'*aile du sud*, l'*aile du nord* (1).

Nous avons dit ce qu'était le château de Versailles à la mort de Louis XIII, et les premiers embellissements qu'il reçut de Louis XIV. Ce monarque, qui tenait sa cour à Saint-Germain et à Fontainebleau, prit un goût très-vif pour cette résidence. Il y donna des fêtes ; mais rare-

---

(1) Nous ne comprenons, dans cette définition, ni les ailes des Ministres, ni la Surintendance, ni les Grands-Communs, qui sont en dehors du palais même consacré par Louis-Philippe à recevoir cette vaste collection de tableaux historiques.

ment il y couchait (1). Il se trouvait à l'étroit dans la demeure paternelle; il ordonna à Mansard les grands appartements.

Un auteur contemporain, Félibien, historiographe des bâtiments du roi, nous a laissé la description de ces grands appartements tels qu'ils existaient en 1671. Pour le suivre avec plus de clarté, il faut se rappeler qu'à l'époque où il écrivait, ni l'aile neuve du sud, ni l'aile neuve du nord, ni la grande galerie des glaces avec les salons de la *Paix* et de la *Guerre* qui la terminent, n'existaient encore. « Aux deux ailes de la petite cour, dit-il, sont deux escaliers de marbre jaspé de rouge et de blanc, qui conduisent aux appartements; celui qui est à droite (2) mène en haut, d'un côté sur l'aile, à une salle et à une galerie (3), et de l'autre côté, à plusieurs chambres qui sont l'appartement du roi, séparé de celui de la reine par un salon qui occupe le corps du logis du milieu, et d'où l'on va de plain-pied

---

(1) A la fête de 1668, il repartit le soir pour Saint-Germain, à la fin du feu d'artifice, et le dauphin resta seul à coucher à Versailles.

(2) Cet escalier a été détruit par Louis XV.

(3) Cette galerie prit plus tard le nom de galerie Mignard, lorsque, par ordre de Louis XIV, ce peintre en eut décoré le plafond.

par trois portes sur une terrasse qui regarde le jardin (1). Cette terrasse est toute pavée de marbre blanc, noir et rouge, avec un bassin de marbre blanc au milieu, d'où s'élève présentement un gros jet d'eau où l'on doit mettre un groupe de figures de bronze dorées qui jetteront de l'eau (2).

« Le bâtiment qui est à main droite est composé *par bas* de plusieurs pièces de différentes grandeurs.

« Lorsque, de la grande cour, on a passé sous un portique, on rencontre le grand escalier qui a treize toises et demie de face sur plus de cinq toises de large (3). On peut entrer dans le grand *appartement bas* par la cour (4) qui est au delà de cet escalier, ou bien par une arcade qui est au bas du même escalier, et qui conduit dans un vestibule qui a vue sur le jardin, comme toutes les autres pièces qui suivent.

---

(1) Ce salon, que l'on voit dans les premiers plans de Mansard, disparut avec la terrasse, lorsque l'espace qu'il occupait fut compris dans la galerie des Glaces, construite longtemps après.

(2) Cette terrasse a également disparu, lors de la création de la grande galerie des Glaces.

(3) Cet escalier n'existe plus.

(4) Cour de la Chapelle.

« De ce vestibule, on entre dans un salon orné de la même manière que celui qui est ensuite (1), lequel est peint dans son plafond et dans ses côtés de peintures à fresque. Les différents morceaux d'architecture qu'on y a représentés font paraître ce lieu comme environné de plusieurs colonnes diversement ornées, et encore plus grand et plus élevé qu'il n'est en effet.

« De cette salle, on passe dans une autre qui sert de vestibule (2), lorsqu'on entre par la cour dans ces appartements. Le plafond en est soutenu par huit colonnes d'ordre dorique, qui sont d'un marbre jaspé de blanc et rouge qui vient de Dinan et du pays de Liége. Les chapiteaux et les bases sont d'un autre marbre un peu plus gris qu'on appelle petite brèche. Ces huit colonnes sont disposées en deux rangs, quatre d'un côté et quatre d'un autre, et séparent le vestibule en trois parties. Contre les murs et vis-à-vis les colonnes sont des pilastres de même marbre qui portent la corniche qui règne au-dessous du plafond ; et, du côté qui est opposé

---

(1) Ces deux salons sont aujourd'hui les deux salles consacrées aux guerriers illustres qui n'ont été ni connétables ni maréchaux.

(2) C'est la dernière salle des maréchaux de France, du côté de l'aile du nord : on y voit encore les huit colonnes.

aux fenêtres, il y a deux niches pour mettre des figures.

« En suite de ce vestibule est une autre salle dont la corniche qui soutient le plafond est portée par douze colonnes d'ordre ionique avec leurs pilastres en arrière-corps (1). Les quatre colonnes qui sont dans les angles avec les douze pilastres sont d'un marbre blanc et noir, et les huit autres colonnes sont d'un autre marbre appelé brèche qui vient du côté des Pyrénées, dont le fond est blanc, tacheté de couleurs rouge, noire, violette, bleue et jaunâtre. Les chapiteaux et bases des colonnes et des pilastres sont d'un beau marbre blanc.

« De cette salle, l'on entre dans une autre de même grandeur dont le plafond est de forme octogone (2). Tout autour sont placés, contre les trumeaux des portes et des fenêtres, douze piédestaux de marbre très-rare sur lesquels sont douze figures de jeunes hommes de bronze doré, ayant des ailes au dos, qui représentent les

---

(1) Ces colonnes ont disparu, lorsque Louis XV changea l'ordonnance de ces appartements. C'est aujourd'hui l'avant-dernière salle des maréchaux.

(2) C'est le salon qui fait l'angle nord du rez-de-chaussée ; les colonnes, les piédestaux et les figures n'y sont plus, par le même motif que ci-dessus.

douze mois de l'année. Les chambranles ou bandeaux des portes ou des croisées sont de Languedoc, couleur de feu et blanc.

« A côté de cette salle est la chambre et le cabinet des bains (1); ce dernier est comme séparé en deux, car la partie où l'on entre d'abord a dix-huit pieds en carré, et dans le milieu il y a une grande cuve de marbre; mais l'autre partie, qui est plus enfoncée et qui fait comme une espèce d'alcôve où l'on monte quelques degrés, n'a que neuf pieds de large sur trois toises de long.

« C'est là que sont les petites baignoires de marbre, et derrière est le réservoir pour les eaux. Toutes ces pièces sont pavées de différentes sortes de marbre. Et comme les chambranles et les embrasures des portes, les appuis et les embrasures des fenêtres, les lambris et tout ce qui n'est pas couvert de tapisserie, est revêtu de différents marbres mis par compartiments les uns dans les autres, tous ces lieux paraissent solidement bâtis de cette riche matière que le roi a fait venir de plusieurs endroits de son royaume, où

(1) Ces bains furent aussi convertis, par Louis XV, en appartements pour loger les princes de la famille royale; on voit encore sur les volets, qui sont du temps, des dauphins sculptés et des urnes d'où s'échappent des nappes d'eau.

depuis dix ans l'on a découvert des carrières de marbre de toutes sortes de couleurs et aussi beaux que ceux que l'on amenait autrefois de Grèce et d'Italie. L'on a observé d'employer ceux qui sont les plus rares et les plus précieux dans les lieux les plus proches de la personne du roi ; de sorte qu'à mesure qu'on passe d'une chambre dans une autre, on y voit plus de richesse, soit dans les marbres, soit dans la sculpture, soit dans les peintures qui embellissent les plafonds.

« L'on a tenu la même conduite dans l'*appartement d'en haut* ; car lorsqu'on a monté l'escalier qui a deux rampes, l'une à droite et l'autre à gauche, et qu'on est arrivé par la première dans le grand palier, l'on entre dans sept autres pièces de plain-pied qui sont toutes diversement ornées de peintures et de marbres de différentes espèces. La première est un salon qui a cinq toises et demie de long sur cinq toises de large (1). Les bandeaux des portes et des fenêtres sont de marbre jaspé de blanc et rouge. Les embrasures des portes et des fenêtres, et les lambris qui règnent tout autour, sont de marbre blanc rem-

(1) C'est le salon de Diane : le salon de Vénus était une sorte de vestibule, en parallèle avec la grande salle (devenue celle du Sacre), qui était à l'entrée des grands appartements de la reine.

pli par compartiments de marbres rouge et blanc, d'un autre marbre verdâtre qu'on nomme de Campan et qui vient des Pyrénées, et d'un marbre noir et blanc.

« La seconde (1), qui est la salle des Gardes, a les bandeaux de ses portes et de ses fenêtres d'un marbre qui vient de Bourbonnais, qui est mêlé de rouge, de blanc, de noir et de jaune. Les embrasures et les lambris sont des pièces de rapport de même marbre et de petites brèches sur un fond blanc.

« La troisième (2) est une antichambre. Le marbre dont sont faits les bandeaux des fenêtres et des portes est celui qu'on nomme brèche. Les lambris et les embrasures sont aussi de rapport du même marbre, et d'un autre marbre vert qui est sur un marbre blanc.

« La quatrième (3) est une chambre ornée

---

(1) Salon de Mars.

    Cher curieux, qui me regardes,
    Apprends aujourd'hui qu'autrefois
On me donna le nom de la salle des Gardes
    Du plus magnifique des rois;
Mais on a fait de moi depuis un autre usage:
Je sers d'appartement, de montre et de passage.
               MONICART, tome premier.

(2) Depuis, salon de Mercure.

(3) Salon d'Apollon.

dans ses portes et dans ses fenêtres de marbre vert, brun et rouge, avec des taches et veines d'un vert de la couleur des émeraudes. Les ouvriers l'appellent vert d'Égypte, quoiqu'il soit aussi tiré des Pyrénées. Les lambris et les embrasures sont de marbre blanc rempli par compartiments d'un autre marbre d'Égypte, mais plus rougeâtre, d'un autre marbre noir et blanc, et d'un beau marbre d'agate qui vient de Serancolin et du côté des Pyrénées.

« La cinquième (1), qui est le *grand cabinet*, est de même grandeur que la chambre. Les bandeaux de ses portes et de ses fenêtres sont d'un marbre noir avec des veines jaunes ; on le nomme portoro ; il vient aussi des Pyrénées. Les lambris et embrasures sont de rapport du même marbre, de celui qu'on nomme d'Égypte et de celui de Serancolin, sur un marbre blanc.

« La sixième est la petite chambre à coucher : tout le marbre dont elle est ornée est de couleur de feu avec des veines blanches, et se nomme marbre rouge de Languedoc.

« La septième est le petit cabinet qui a ses

(1) Ce grand cabinet, la chambre et le petit cabinet qui suivent, et qui donnent sur le jardin, ont été fondus dans le salon de la Guerre et dans la galerie des Glaces.

(Voir Sylvestre et Blondel.)

issues sur la grande terrasse pavée de marbre dont il a été parlé ci-devant. Les chambranles des portes et des fenêtres sont de marbre vert et rouge avec des veines blanches, qu'on appelle de Campan. Les embrasures et les lambris sont du même marbre, de celui qu'on nomme d'Égypte, et de celui de Languedoc, rapportés par différents compartiments sur un marbre blanc.

« Toutes ces pièces sont parquetées de menuiserie, et les portes de bronze doré travaillées à jour; les plafonds *doivent* être enrichis de peintures par les meilleurs peintres de l'Académie royale; et comme le soleil est la devise du roi, on a pris les sept planètes pour servir de sujet aux tableaux des sept pièces de cet appartement, de sorte que dans chacune *on y doit représenter* les actions des héros de l'antiquité, qui auront rapport à chacune des planètes et aux actions de Sa Majesté. On en voit les figures symboliques dans les ornements de sculpture qu'on a faits aux corniches et dans les plafonds.

« De l'autre côté qui regarde l'Orangerie, est un logement semblable à celui dont je viens de parler. L'escalier (1) n'est pas si grand que celui

---

(1) Cet escalier est celui qu'on voit encore aujourd'hui, et qu'on appelle l'*escalier de marbre*.

du roi, parce que la chapelle qui est tout proche (1) occupe une partie de la place. L'appartement d'en bas sert à loger Monseigneur le Dauphin. Il est aussi orné de différents tableaux dans les plafonds.

« L'appartement qui est au-dessus est le logement de la reine, composé d'un pareil nombre de chambres que celui du roi. Elles sont toutes revêtues des mêmes sortes de marbres, mais rapportés et mis les uns dans les autres de différentes manières; et les peintures qui ornent les plafonds *doivent* aussi représenter des héroïnes de l'antiquité avec rapport aux sept planètes (2). »

On voit par cette description imparfaite que les grands appartements n'étaient pas complétement achevés, et n'avaient pas encore reçu ces ornements, ces décorations qui devaient plus tard leur donner tant d'éclat. Aussi Louis XIV venait-il souvent de Saint-Germain pour presser l'exécution des travaux. Il encourageait les ou-

(1) Cette chapelle cessa d'exister, lorsque Louis XIV fit élever celle qu'a remplacée le salon d'Hercule.

(2) La construction du salon de la Paix et de la galerie des Glaces prit aussi les trois dernières pièces de l'appartement de la reine dans le premier pavillon élevé par Mansard sur le jardin.

vriers et les artistes par sa présence et par ses conseils; et le souverain *qui ne savait pas attendre* passa plus d'une fois des heures entières à suivre les progrès du pinceau de Lebrun. Lorsque d'autres soins ne lui permettaient pas de venir en personne à Versailles, il écrivait à Mansard, et cette lettre tout entière de sa main témoigne de la sollicitude avec laquelle il entrait dans tous les détails :

Le 10 juin, à onze heures du soir.

« Il me paraît que tout va bien par les mémoires que vous
« m'avez envoyés de Versailles et de Marly. Il n'y a point de
« temps à perdre. J'ai pensé *au plomb* que l'on doit mettre
« aux *vannes* de la rivière où l'on a travaillé; s'il est plus
« large qu'aux autres *vannes*, il fera un très-mauvais effet en
« descendant; c'est pourquoi, quand il y aurait quelques dé-
« fauts aux pièces, ils paraîtraient moins que si le plomb
« était différent des autres. Faites en sorte qu'il n'y en ait
« point, et faites-moi réponse devant que d'y faire travailler.

« N'ordonnez rien pour mon antichambre à Trianon, que
« je ne vous aie parlé demain matin.

« *Signé* LOUIS. »

Louis XIV apportait surtout la plus grande attention à la distribution intérieure des appartements. Rien ne le prouve mieux que ce rapport manuscrit de Mansard annoté en marge de la main même du roi :

A Fontainebleau, le 13 octobre 1696.

A Paris, ce 12 octobre 1696

Bon.

J'arrivai hier au soir de Marly; on a commencé de mercredi à imprimer les faces du bâtiment neuf pour la première couche.

Bon.

L'on continue toujours à poser les tuyaux de 18 pouces et toutes les autres choses marquées par le dernier mémoire que j'ai eu l'honneur d'envoyer à Sa Majesté.

Il faut toujours presser.

Le sieur Brouard promet toujours avoir fait pour le temps qu'il a promis.

Bon.

Tous les glacis qui sont semés commencent à verdir. Il en reste encore beaucoup à achever de dresser, qui ne pourront être en état de semer que dans la fin de la semaine prochaine.

Je veux lambrisser la galerie de la princesse de Conty, comme je l'avais ordonné. J'ap-

Sa Majesté réglera, s'il lui plait, si elle approuve les dessins pour la petite galerie de S. A. S. Madame la Princesse de Conty, afin que l'on

INTÉRIEUR. 57

prouve que l'on fasse la menuiserie comme les dessins que vous m'avez envoyés; et pour *ajuster les ornements que vous trouvez, je désire* que vous fassiez un lambris fort plat où les bordures des tableaux entrent, s'il est possible, une partie dedans, pour qu'ils ayent le moins de saillie qu'il se pourra. Mandez-moi ce que vous croyez possible, et ce que vous ferez pour le mieux; car je m'en remets à vous.

fasse en sorte qu'elle soit posée avant son retour. Sa Majesté permettra, s'il lui plaît, de lui représenter que, comme la galerie est étroite, lorsqu'elle sera boisée elle le paraîtra encore plus, et que l'on ne pourra changer les tableaux si aisément de place qu'on le peut faire sur l'étoffe; c'est mon avis, et qui peut n'être pas bon.

Bon.
Je renvoye les dessins que vous m'avez envoyés.
Pressez sans cesse.

La rampe qui descend le long du bâtiment neuf et du commun s'avance fort, et fera parfaitement bien.

Vous supprimerez les petits tableaux que vous jugerez à propos, prenez garde seulement d'en oster de jolis.

La menuiserie du bâtiment neuf n'a pas été si vite ces derniers jours qu'on me le faisait espérer, cependant les menuisiers assurent à M. de Rusé, que le tout sera fini à la fin du mois.

L'on travaille aux incrustements de la pièce d'eau derrière le château, autrement dit la demi-lune; on n'a point encore posé aucune pierre des pilastres, on commence à tailler les piédestaux, mais cela va fort doucement, dont je me suis plaint au sieur Bailly, et ai prié M. de Rusé de tenir la main pour que cet ouvrage aille plus vite à l'avenir. Je ne manquerai pas de retourner à Marly, au plus tard mardi.

> J'approuve vos plaintes.

Je passai hier *à Versailles*, on travaillait au rétablissement de la cloison qui sépare la petite garde-robe d'avec le cabinet joignant l'oratoire de l'appartement de la Reine, ainsi que je l'ai expliqué plus au long, par le premier mémoire que j'ai envoyé à Sa Majesté.

> Bon.

Comme la saison ne permet pas de découvrir sur le château pour rétablir solidement pour toujours le comble qui écrase, par son poids et par l'assemblage qui a été mal fait de la charpente, la calotte du salon au bout de la galerie du côté du midi, et que cependant il est à

> Bon.

propos de mettre en sûreté jusques au printemps prochain, je me suis contenté de faire abattre le plancher dans le comble, tant solives que plâtre, pour en diminuer la grande charge, et mettre quelques pièces en décharge pour soutenir les tirants, et les empêcher d'écraser la calotte; c'est l'ordre que j'ai donné aux ouvriers, et à quoi on a travaillé.

Mettez tout en sûreté pour le 6 février.

Signé LOUIS. Signé Mansard.

Ces grands appartements ne furent achevés qu'à la fin de 1681, époque où Louis XIV transporta sa cour à Versailles.

On lit dans une relation de 1683 : « Je vis *le grand appartement du roi nouvellement bâti.* L'assemblée nombreuse et les illuminations qui s'y font trois fois la semaine offrent ce qu'il y a dans le monde de plus beau, de plus magnifique, de plus surprenant. Figurez-vous l'éclat de cent mille bougies ! un grand soleil, le brillant soleil du mois de juillet ! Les ameublements d'or et d'argent avaient encore leur éclat particulier comme les marbres ; on y voyait des tapisseries, statues, tableaux, argenterie, vases, fleurs, lustres, tapis somptueux et rares. »

Tant de richesses et tant d'éclat avaient éveillé

la curiosité publique; mais, à l'exception des gens de la cour et de quelques personnes qui, dans certaines solennités, venaient avec des billets voir le roi dîner ou passer à la messe, l'intérieur du château était interdit aux regards du public, lorsque, le 6 août 1682, naquit le duc de Bourgogne. Sa naissance fit éclater une allégresse universelle. Louis XIV s'étant montré en public, le peuple le porta depuis la surintendance, où la dauphine était accouchée, jusqu'à ses appartements; on faisait des feux de joie dans les cours du château; on y avait jeté quelques parquets destinés à la grande galerie; on vint le dire au roi qui répondit en riant : « Qu'on les laisse se réjouir ! » *Ce fut à cette occasion que Louis XIV fit ouvrir au public ses appartements à certains jours de la semaine.* Cet usage ne dura que jusqu'à la mort de Marie-Thérèse (1).

Dans ces grands jours, on étalait avec pompe toutes les magnificences du palais, et notamment les belles tapisseries parmi lesquelles on remarquait celles des *quatre éléments* et des *quatre saisons*, dont Charles Perrault, secrétaire de Colbert, Charpentier et Chapelain composèrent les devises. Chacune d'elles était un symbole en l'honneur de Louis. Ainsi, dans la tapisserie des

---

(1) 30 juillet 1683.

INTÉRIEUR. 61

quatre éléments, il est représenté pour la bienfaisance *comme un grand Fleuve* auquel on prête ce langage :

> Loin de moi tout périt, tout languit de faiblesse
> Et sèche de tristesse,
> Faute de mon secours.
> Près de moi tout fleurit, tout profite et s'avance,
> Et l'on me voit porter la joie et l'abondance
> Partout où je porte mon cours.
>
> PERRAULT.

Pour la valeur, *comme un Lion* que le même poëte fait ainsi parler :

> Dans ces climats heureux, si charmants et si calmes,
> Et sous l'ombre de tant de palmes,
> Il peut bien prendre du repos ;
> Qui serait assez téméraire
> De le troubler mal à propos,
> Et s'exposer à sa colère ?

Dans la tapisserie des *quatre saisons*, c'est un Lis pour *la sincérité*, un Perce-neige pour *la force*.

LE LIS.

> Rejeton glorieux d'une tige sublime,
> Je monte vers le ciel d'un effort magnanime,
> Et brille d'un éclat qui n'a rien d'emprunté.
> Rien de ce que je suis aux mortels ne se cache ;

Mon front toujours ouvert aussi bien que sans tache
Sert de parfait symbole à la sincérité.
CHARPENTIER.

LE PERCE-NEIGE.

Ce n'est qu'aux saisons favorables
Que l'on voit mes semblables
Par leur brillant éclat les regards attirer ;
Pour moi je ne vois point d'assez fort adversaire ;
C'est dans le temps le plus contraire
Que je fleuris le plus et me fais admirer (1)!
CHAPELAIN.

La grande galerie des Glaces, les salons de la Paix et de la Guerre ajoutèrent à la splendeur du corps central, et les deux ailes du *sud* et du *nord* avec la chapelle vinrent compléter cet ensemble magnifique qui fera longtemps encore l'admiration du monde.

Louis XV fit détruire le *grand escalier* (2), et

---

(1) Extraits d'un manuscrit sur vélin avec figures peintes par Bailly, en 1668.

(2) Cet escalier s'appela tour à tour *le grand escalier* ou *l'escalier des ambassadeurs;* on y arrivait, de la cour, par trois portes à jour en fer richement doré. Le vestibule avait quarante pieds de largeur. Au-dessus du palier où finissait le perron, on voyait dans le mur une niche ornée de coquillages et de deux dauphins, d'où jaillissait une fontaine au-dessus de laquelle était placé le buste en marbre de Louis XIV, par

changea la distribution de l'aile droite du vieux château. Il y ajouta une aile nouvelle, l'aile Gabriel, où se trouvait la *salle de la comédie* qui n'existe plus; enfin, il fit construire à l'extrémité de l'*aile du nord*, le *grand opéra* qu'on voit encore aujourd'hui.

« Le palais de Versailles, dit madame Campan,
« tourmenté en dehors par une infinité de distri-
« butions nouvelles, et mutilé dans son ordon-
« nance, tant par la suppression de l'escalier des
« ambassadeurs que par le péristyle à colonnes
« placé au fond de la cour de marbre, avait éga-
« lement besoin de réparations pour la solidité
« et la beauté du monument. Louis XVI demanda
« donc à M. Mique, son architecte, plusieurs
« plans pour la restauration du palais. Ce qu'il
« fallait de millions et d'années fit ajourner ce
« projet. »

Lorsque les révolutions eurent disséminé les richesses de ce palais, et que Versailles eut cessé d'être la résidence des rois, on allait encore le

---

Coysevox, avec cette devise commune au soleil et au roi : *Nec pluribus impar*. Quatre tableaux peints par Vander-Meulen, de riches peintures de Lebrun, des colonnes de marbre, huit grandes portes de bois sculpté, enrichies d'ornements en or, servaient de décoration à la partie supérieure de l'escalier, qui était éclairé d'en haut par un toit de verre.

visiter comme un de nos plus beaux monuments et de nos plus brillants souvenirs ; mais on y éprouvait cette tristesse qu'inspirent toutes les grandeurs déchues. Aujourd'hui, ce sentiment a fait place à une admiration mêlée d'orgueil. Ces royales solitudes se sont peuplées de tous les hommes qui ont illustré la France ; et on se plaît dans cet Élysée de la gloire à rechercher ceux qui se recommandent le plus par leurs vertus ou par leurs exploits à la reconnaissance du pays.

Nous avons adopté, pour la description des appartements, l'ordre dans lequel le palais a été bâti :

    1° Corps central.
    2° Aile du sud.
    3° Aile du nord.

On pourra suivre ainsi l'histoire du monument dans ses progrès comme dans ses modifications, et recueillir avec plus de clarté les souvenirs qui s'y rattachent.

CHAPITRE IV.

Corps central du Palais.

ESCALIER DE MARBRE.

Lorsque *le grand escalier* de l'aile droite du palais existait, l'escalier de *marbre*, celui dont nous parlons, desservait, au premier étage, les grands appartements de la reine, la chapelle de Louis XIII, dont parle Félibien, et l'appartement particulier du roi. La première des portes, en commençant par la droite au premier étage, conduisait à la salle des gardes de la reine; la seconde, à la grande salle (aujourd'hui salle du Sacre); la troisième, à la chapelle de Louis XIII; la quatrième, qui n'existe plus, servait d'entrée à un petit vestibule qui conduisait à droite à la chapelle, à gauche à l'appartement du roi; c'est par là que Louis XIII passait pour aller à la messe. On voit ainsi que l'ancienne chapelle occupait tout à la fois une partie de la *salle du*

Sacre et les salles aujourd'hui consacrées aux campagnes de 1793, 1794 et 1795.

Lorsque la chapelle fut transportée à l'aile droite du palais, dans l'emplacement qui est devenu le *salon d'Hercule*, le petit vestibule dont nous venons de parler, fut mis à jour, comme on le voit, par une arcade au-dessous de laquelle règne une balustrade en marbre; et pour établir la symétrie, on peignit sur le mur qui fait face, *le vestibule d'un palais :* trois artistes y ont travaillé, Philippe Meusnier pour l'architecture, Blain de Fontenay pour les fleurs, et François Poërson pour les figures.

Un jour, Louis XIV, appuyé sur cette balustrade, aperçut le grand Condé qui, à cause de son grand âge et des fatigues de la guerre, montait péniblement les degrés de l'escalier, et comme ce prince s'excusait de sa lenteur, le roi lui dit : « Mon cousin, ne vous pressez pas; on ne sau-
« rait marcher plus vite quand on est aussi chargé
« de lauriers que vous l'êtes. »

Jusqu'en 1789, les vestibules de l'escalier de marbre étaient remplis de petites boutiques où des marchandes privilégiées vendaient aux personnes de la cour mille objets de luxe et de fantaisie. *Les marchands ont été chassés du temple,* et remplacés par les bustes et les statues des personnages célèbres qui ont honoré les XVIIe et XVIIIe siècles par leurs succès dans les arts et dans la littérature.

On y remarque Mansard et Le Nôtre, qui ont créé le palais et les jardins de Versailles, Le Brun et Coysevox qui les ont embellis, La Fontaine et Boileau qui les ont célébrés, Racine qui les a charmés de l'harmonie de ses vers, et Molière qui les a tant de fois égayés aux dépens mêmes des courtisans; enfin, le chantre des jardins, qui a laissé sur les ombrages de Versailles ces touchants regrets :

> Amour, qu'est devenu ce bosquet enchanté
> Qui vit de Montespan soupirer la fierté?
> Qu'est devenu l'ombrage, où, si belle et si tendre,
> A son amant surpris et charmé de l'entendre
> La Vallière apprenait le secret de son cœur,
> Et, sans se croire aimée, avouait son vainqueur?

Au milieu de toutes ces célébrités, les regards s'arrêtent avec plaisir sur deux souverains également jaloux de protéger ou de faire revivre toutes ces gloires, Louis XIV et Louis-Philippe, qui semblent placés là comme pour faire les honneurs d'un palais que l'un a élevé, et dont l'autre a renouvelé les merveilles.

PREMIER ÉTAGE.

Appartement particulier du Roi.

ANCIENNE SALLE DES GARDES.

Cet appartement, qui forme le pourtour de la cour de marbre, composait, au premier étage, la partie du vieux palais habitée par Louis XIII. Louis XIV le fit décorer et l'habita à son tour; on l'appelait l'appartement particulier du roi, afin de le distinguer *des grands appartements* construits plus tard par Mansard et qui étaient réservés pour les grandes solennités.

Louis-Philippe, pour rendre à cet appartement le caractère analogue à sa destination primitive, y a fait rassembler une collection de tableaux qui rappellent le siècle de Louis XIV. Dans la première salle (1), dite salle des gardes, on remarque la bataille de Nerwinde, où, le 29 juillet 1693, le maréchal de Luxembourg, assisté de Créqui,

---

(1) On voit sur la cheminée un tableau de Parrocel, représentant un combat où figurent des gardes du roi.

du prince de Conti et du jeune duc de Chartres, (depuis régent), défit l'armée du roi Guillaume et lui prit cent pièces de canon; et la bataille de Cassel, par Vander-Meulen, où Philippe, duc d'Orléans (frère du roi), remporta sur le prince d'Orange, le 11 avril 1677, cette victoire qui excita une auguste jalousie et fit prédire aux courtisans *que Monsieur ne commanderait plus d'armée.* « Ils ne se trompèrent pas, » dit Voltaire.

ANCIENNE SALLE DU GRAND COUVERT,

SOUS LOUIS XIV.

Lorsque le roi dînait en *grand couvert*, on plaçait autour de la table des balustrades, et le public était admis à voir manger la famille royale.

Les princesses du sang ne mangeaient point au grand couvert; c'était un honneur réservé aux fils, filles, petits-fils, petites-filles de France, excepté dans les festins de noces de la maison royale.

Il arrivait pourtant quelquefois que, pour ne pas souper seul ou tête à tête avec le grand dauphin, Louis XIV faisait venir au grand couvert la duchesse de Bourbon et la princesse de Conti, ses filles : c'était une grande faveur.

On voit encore dans cette salle quelques anciens tableaux de l'histoire d'*Alexandre :* c'était le héros de prédilection auquel on comparait Louis XIV, lorsque la flatterie se résignait à le faire descendre de l'Olympe; ces tableaux sont de Piètre de Cortone et de Parrocel d'Avignon.

CORPS CENTRAL.

Parmi ceux qui ont été nouvellement placés dans cette salle par ordre du roi, on remarque les siéges de Tournay, de Dôle, de Lille et de Valenciennes. Les yeux s'arrêtent surtout avec curiosité sur une vue du château de Versailles en 1669, c'est-à-dire à l'époque où, livré au génie de Mansard, ce palais commençait à revêtir cet éclat et cette grandeur qui, plus tard, devaient exciter l'envie et l'admiration de l'Europe.

Il est un autre tableau qui représente Louis XIV à son petit lever, recevant chevaliers de ses ordres le duc de Bourgogne, le duc du Maine et plusieurs seigneurs de sa cour. Il avait appartenu à M. le comte de Sérant, ancien gouverneur des enfants du comte d'Artois. Il est précieux sous ce rapport que, représentant fidèlement la chambre de Louis XIV, il a servi en 1836 à recomposer cette chambre telle qu'elle était du vivant de ce monarque.

ANCIENS PETITS APPARTEMENTS DE LA REINE MARIE-ANTOINETTE.

Ces petits appartements, éclairés sur une petite cour et desservis par un petit escalier, étaient, sous Louis XIV, les dépendances du service intime de la chambre de la reine; le petit oratoire dont parle Mansard dans son rapport au roi, en faisait partie.

Sous Louis XV, ce petit oratoire subsista; mais Marie Leckzinska y ajouta des bains et un cabinet d'étude où elle occupait ses loisirs à peindre. Cette princesse a composé plusieurs tableaux; on en voit un qui représente un paysage, dans la galerie du Grand-Trianon. Elle les avait légués en mourant à madame de Noailles, sa dame d'honneur, qui les réunit dans un petit salon sur la porte duquel elle écrivit: *Innocents mensonges de la bonne reine*. C'est que madame de Noailles était dans le secret des travaux de Marie Leckzinska; elle savait que sa royale main se bornait à déposer les couleurs indiquées sur les divers traits dessinés à l'avance sur la toile par son maître. *Innocente supercherie*, en effet, dont la tradition n'est point perdue parmi nos élégantes de Paris!

La reine Marie-Antoinette, pour échapper aux ennuis de l'étiquette, et goûter dans un cercle choisi les douceurs de l'intimité, fit arranger avec autant de luxe que de goût ces petits appartements qui se composaient d'un cabinet, d'un boudoir, d'une bibliothèque, d'une toilette et d'une antichambre.

C'est là que, dans un aimable abandon, cette princesse recevait cette société de prédilection qui souleva tant de jalousies : la comtesse Jules de Polignac et sa belle-sœur Diane; MM. de Guignes, de Coigny, d'Adhémar, de Bezenval, de Polignac, de Vaudreuil, de Guiches et le prince de Ligne.

Ces petits appartements ont été restaurés et remeublés dans le goût de l'époque.

ŒIL-DE-BŒUF.

Cette pièce n'était, dans le principe, qu'une antichambre éclairée sur une petite cour par un œil-de-bœuf, et qui servait d'entrée à un cabinet qui précédait la chambre où Louis XIV est mort.

Lorsque ce monarque, après la construction de la galerie des Glaces, transporta sa chambre de parade, des grands appartements où elle était, dans cette grande chambre sur la cour de marbre qui devint plus tard sa chambre à coucher, on abattit la cloison qui séparait l'antichambre du cabinet, et ces deux pièces réunies et décorées des mêmes ornements, notamment d'une admirable frise, ne formèrent plus qu'un grand salon appelé indistinctement *salon des nobles*, ou *grande antichambre du roi*, sur un plan de Blondel, mais resté plus célèbre dans les fastes de Versailles sous le nom de l'*œil-de-bœuf*.

Cette pièce communique d'un côté, par une porte en glaces, à la grande galerie; de l'autre, à la chambre de Louis XIV.

C'était l'antichambre de la faveur, le vestibule

du temple où les courtisans venaient saluer le lever du *soleil* ; et, comme pour mieux leur rappeler qu'ils allaient là pour adorer un dieu, le pinceau de Mignard avait représenté, dans un tableau qu'on y voit encore, la famille de Louis XIV sous l'emblème des divinités de l'Olympe : Anne d'Autriche en *Cybèle*, Marie-Thérèse en *Junon*, mademoiselle de Montpensier en *Diane*, Philippe d'Orléans en *Neptune*, Henriette d'Angleterre sous les traits de l'*Aurore* ; enfin Louis XIV sous la figure du *maître des dieux*. Cette allégorie a quelque chose qui froisse la dignité d'homme ; mais faut-il en accuser plutôt l'orgueil du monarque que la bassesse de ses flatteurs? car enfin, lorsqu'il voyait cette vieille aristocratie que Richelieu n'avait pu dompter par les échafauds, quitter les demeures féodales de leurs ancêtres pour venir à Versailles s'humilier devant un de ses regards ; lorsqu'il voyait des héros le servir à genoux ; les femmes les plus belles ambitionner ses hommages ; les plus grands génies lui prodiguer leurs louanges ; les lettres, les arts et toute la nature l'accabler à l'envi de leurs faveurs et de leurs merveilles ; certes, Louis, au milieu de ce nuage d'encens, ne pouvait-il pas se croire au-dessus de l'humanité, et, lorsqu'il représentait Jupiter, s'imaginer qu'il était un dieu ?

Aujourd'hui, plusieurs portraits ornent cette salle : Louis XIV couronné par la Victoire ; le duc de Bourgogne, son petit-fils, ravi si jeune à l'espoir de la France ; Anne d'Autriche, reine altière et mère admirable ; Philippe d'Orléans, *Monsieur*, protecteur éclairé des arts ; mademoiselle de Montpensier, *la grande Mademoiselle*, veuve de onze promesses de mariage, et dupe de sa tendresse pour Lauzun ; et Marie-Anne de Bavière, épouse du grand dauphin, qui n'était pas jolie, mais dont l'esprit et l'amabilité plaisaient assez à Louis XIV pour avoir porté ombrage à madame de Maintenon.

CHAMBRE DE LOUIS XIV.

Avant la création de la brillante enveloppe dont Mansard entoura le vieux palais de Louis XIII, Louis XIV, quand il venait passer quelques jours à Versailles, couchait dans la chambre qui devint plus tard celle de Louis XV. On a vu, par le récit de Félibien, que la nouvelle chambre de ce monarque faisait partie du pavillon-nord élevé par cet architecte du côté du jardin ; mais, lorsque l'on construisit la grande galerie des Glaces avec les deux salons de la Guerre et de la Paix, cette chambre disparut dans le nouveau plan, ainsi que le cabinet à la suite donnant sur la terrasse qui séparait les deux pavillons. « Car, dit Blondel, l'avant-
« corps du côté du jardin ne fut pas d'abord
« exécuté tel qu'on le voit aujourd'hui ; on avait
« laissé dans le milieu de son étendue un ren-
« foncement de la moitié du double de ce palais
« sur la longueur de neuf croisées (1). Ce n'a
« été que longtemps après, et lorsqu'on a cons-

---

(1) Voir les plans de Sylvestre.

« truit la grande galerie, que l'on aligna tout
« l'avant-corps. »

Dans les grands appartements, le salon de Mercure servait de chambre de parade; il portait le nom de *chambre du lit*, comme le dit *Monicart* avec son exactitude, puérile peut-être, mais toujours précieuse à consulter:

> « Quand mon superbe lit en ces lieux est dressé,
> Il éblouit les yeux, et se trouve placé
>   Sur une magnifique estrade
>   Assez basse et sans balustrade.
> Tu la vois ouvragée en travail de rapport,
>   Et que même on estime fort.
>   Remarque, parmi ces ouvrages,
> Ces beaux compartiments de fleurs et de feuillages. »

Ce même poëte, s'il est permis de lui donner ce nom, ajoute qu'on n'y voit plus que *la place du lit*. C'est qu'à l'époque où il dressait en vers l'état des lieux de la salle de Mercure, la grande chambre de Louis XIV, sur la cour de marbre, était devenue la *chambre de parade*; on y avait transporté le lit dont parle Monicart. Cette chambre de parade devint la chambre à coucher de Louis XIV dans les dernières années de sa vie. Le lit et l'ameublement étaient l'œuvre de Simon Delobel, tapissier, valet de chambre du roi, frère de celui qui avait fait les balcons de la cour de marbre. Pour ne pas rester au-dessous des grands artistes qui embellissaient le palais, il employa douze ans à confectionner ce travail qui prit rang parmi les merveilles du temps; de Soucy prêta le secours amical de sa plume à Delobel, pour en faire la description sous la forme d'une épître dédicatoire à Louis XIV (1).

Cet ameublement, *consacré tout entier au triomphe de Vénus* (2), devait flatter l'orgueil d'un roi qui aimait à figurer comme un demi-dieu de la Fable dans ces fêtes mythologiques qui étaient autant d'hommages rendus à l'amour et à la beauté; il devait sourire, comme un heureux à-propos, aux La Vallière, aux Fontange, aux Montespan; mais, plus tard, cette allégorie effaroucha des regards austères, et fit place à des emblèmes religieux. La *courte-pointe* de Delobel fut échangée contre un couvre-pied brodé par les demoiselles de Saint-Cyr : on y voyait le sacrifice d'Abraham et le sacrifice d'Iphigénie ; singulier rapprochement, qui révèle la double ins-

___
(1) Manuscrit de la bibliothèque du roi.
(2) « Le triomphe de Vénus est le sujet de cet ameublement; les tableaux et les reliefs qui en font les ornements expriment la force de ses charmes, et les Amours répandus sur tout l'ouvrage, sous la figure de petits Plaisirs, marquent assez la douceur de son empire. » (De Soucy.)

piration de madame de Maintenon et de Racine! et, dans les derniers moments de Louis, de saints amulettes contrastaient, sous ces vastes rideaux, avec les Grâces et les Amours étonnés de s'y trouver encore.

Les somptueuses draperies si pompeusement décrites par de Soucy avaient disparu dans la révolution. Lorsqu'à l'aide des anciens souvenirs et du tableau où Louis XIV, à son petit lever, reçoit ses fils chevaliers de ses ordres, Louis-Philippe conçut le projet de restituer à la chambre de Louis XIV son caractère primitif et son ancienne splendeur, on rechercha tout ce qui pouvait y contribuer en étoffes, en meubles, en tableaux et en ornements : le lit a été retrouvé dans les dépôts de la Couronne, et l'on remarque encore sur le dossier l'étoffe où Delobel avait fait broder l'*Amour endormi sur un lit de fleurs au milieu des Nymphes*. Le couvre-pied, après avoir voyagé, en deux morceaux, d'Allemagne en Italie, et avoir été vainement offert à Louis XVIII et à Charles X, a été acheté par ordre de Louis-Philippe ; et ce n'est pas un des ornements les moins curieux de la couche royale. Le morceau où est brodé le sacrifice d'Abraham, forme aujourd'hui le ciel du lit. Les Plaisirs qui représentent la symphonie et la danse, et qui sont au pied du lit, faisaient partie des étoffes de Delobel; les trophées d'armes dorés dont il parle et qui ornaient les quatre coins du plafond, ont été rétablis, ainsi que les deux Amours, avec les armes de France, qui étaient au-dessus du lit, et les deux génies ailés qui dominaient la cheminée.

La balustrade a été également retrouvée au garde-meuble : on n'a eu qu'à la faire redorer. L'étiquette défendait de la franchir sans la permission du roi; car on raconte qu'en 1714, le premier président de Novion s'étant permis de s'avancer près du lit de Louis XIV qui était souffrant, le duc d'Aumont, premier gentilhomme de la chambre, *le tira par sa robe* et lui dit : « Où allez-vous? sortez; des gens comme vous « n'entrent pas dans la balustrade, *si le roi ne* « *les appelle pour leur parler.* »

Aux côtés du lit il y avait deux tableaux : l'un, du Dominiquin, représentant David chantant les louanges du Seigneur; l'autre, de Raphaël, saint Jean l'évangéliste dans l'île de Pathmos. Louis XIV avait l'habitude, quand il passait d'un château dans un autre, de se faire suivre par les tableaux qu'il préférait. Le David du Dominiquin était de ce nombre, et il a fait à Marly, à Saint-Germain, à Fontainebleau, autant de voyages que le roi lui-même : il est aujourd'hui au Louvre avec un grand nombre de chefs-d'œuvre de l'école italienne qui se trouvaient autrefois à Versailles. Mais on n'a pas retrouvé le saint Jean de Raphaël; on l'a remplacé par une sainte famille du même maître, et on lui a donné pour pendant, au lieu de David, une sainte Cécile du Dominiquin, qui est de la même dimension. On a été plus heureux pour les quatre évangélistes, qui ont repris leur ancienne place.

On admire, au plafond, un des plus beaux ouvrages de Paul Véronèse, *Jupiter qui foudroie les Titans*. Ce tableau faisait partie de la galerie du conseil des Dix, à Venise; il en fut enlevé par l'armée française dans les premières campagnes d'Italie. C'est Napoléon qui l'a fait transporter à Versailles. Sa place au conseil des Dix est demeurée vacante; c'est un hommage au génie de Paul Véronèse; c'est en même temps un regret pour les voyageurs; mais ils s'en consoleront aisément quand ils le retrouveront à Versailles au milieu de tant d'autres richesses.

Louis XIV avait fait placer dans sa chambre quelques portraits, et notamment celui de sa mère par Van-Dyck, qu'on y voit encore aujourd'hui. Louis-Philippe y a rassemblé les portraits de la famille de ce monarque, et l'a entouré des principaux objets de ses affections. Tel est le grand dauphin, dont il célébra la naissance par des fêtes si magnifiques; telle est la gracieuse et spirituelle duchesse de Bourgogne, l'enfant gâtée de sa vieillesse.

Dans le coin de la chambre, à gauche de la cheminée, se trouve sur une table un coussin de velours rouge où, du temps de Louis XIV, se déposait tous les soirs un sac de soie verte, renfermant une chemise, un mouchoir et une petite épée longue à peine de deux pieds. Lorsque le roi passait chez la reine, le premier valet de chambre remettait ce sac de soie à la première femme de chambre, qui, le lendemain, devait le rendre au premier valet de chambre du roi.

Louis XV avait adopté une autre étiquette de nuit : il annonçait ses visites à Marie Leczinska par une épingle noire, attachée sur une pelote où la reine devait en placer une autre. Cet usage dura jusqu'au moment où des scrupules de conscience, ou peut-être de jalousie, firent que l'épingle du roi resta seule sur la pelote ; et c'est, dit-on, depuis cette époque que Louis XV s'abandonna sans frein à l'amour des plaisirs.

Cette chambre fut témoin des derniers moments et de la mort de Louis XIV. « Toute la
« cour se tenait tout le jour dans la galerie. Per-
« sonne ne s'arrêtait plus dans l'antichambre la
« plus proche de sa chambre, que les valets fa-
« miliers et la pharmacie. Les entrées passaient

« dans les cabinets par la porte de glace qui y
« donnait de la galerie. Les ministres et les se-
« crétaires d'État y entraient aussi, et tous se
« tenaient dans le cabinet qui joignait la galerie.
« Les princes du sang ni les princesses filles du
« roi n'entraient pas plus avant, à moins que le
« roi ne les demandât, ce qui n'arrivait guère.
« Le maréchal de Villeroy, le chancelier, les deux
« bâtards, M. le duc d'Orléans, le P. Tellier, le
« curé de la paroisse, quand Maréchal, premier
« chirurgien, Fagon, premier médecin, et les
« premiers valets de chambre n'étaient pas dans
« la chambre, se tenaient dans le *cabinet du
« conseil qui est entre la chambre du roi et un
« autre cabinet* où étaient les princes et les prin-
« cesses du sang, les entrées et les ministres (1). »

Pendant sa maladie, Louis XIV travaillait encore avec ses ministres; il entendait la messe dans son lit, il dînait debout et en robe de chambre, tandis que les vingt-quatre violons ordinaires de sa musique jouaient dans l'appartement voisin; et le soir, seule à son chevet, madame de Maintenon le circonvenait d'exhortations mystiques. C'est là que le 24 août elle arracha à la faiblesse d'un mourant ce fameux codicile que la courageuse fermeté du duc d'Orléans fit anéantir;

(1) Saint-Simon.

c'est dans cette chambre que le lendemain, retrouvant la dignité de son caractère, il prit dans ses bras le jeune prince qui devait après lui porter la couronne, et mêla aux plus nobles conseils les repentirs d'une grande âme; c'est là, enfin, que le 1er septembre 1715, après avoir adressé à ses serviteurs désolés ces belles paroles : *M'aviez-vous donc cru immortel!* s'éteignit le monarque qui a le mieux compris peut-être la majesté du trône.

L'usage voulait qu'aussitôt que le roi avait fermé les yeux, le premier gentilhomme ouvrît la croisée qui domine la cour de marbre, et criât trois fois au peuple, du haut du balcon : « Le roi est mort! » Il brisait alors sa canne, il en prenait une autre et criait : « Vive le roi ! » On mettait en même temps l'aiguille de l'horloge du palais sur l'heure à laquelle le roi avait expiré, et elle devait y rester immobile jusqu'à la mort de son successeur (1).

Depuis Louis XIV, aucun souverain n'a couché dans cette chambre : par respect pour la mémoire du grand roi, elle est restée comme un de ces sanctuaires que l'on pare dans les jours de fête et qu'on expose à la vénération publique.

(1) Cet usage de l'horloge fut observé pour Louis XV, qui mourut à Versailles; et, en 1824, le concierge, M. Bouchmann, le renouvela après la mort de Louis XVIII.

CABINET DU ROI.

Ce cabinet n'eut pas d'abord, sous Louis XIV, l'étendue qu'il a aujourd'hui. Il finissait aux deux croisées qui donnent sur la cour de marbre, et avait à sa suite le cabinet des Termes, éclairé sur la cour des Cerfs, et qui faisait partie des petits cabinets dont nous parlerons dans le paragraphe suivant. Ce ne fut que plus tard qu'il fut agrandi aux dépens du cabinet des Termes.

Cette pièce devint le cabinet du roi; elle fut appelée aussi cabinet du Conseil (1), parce que le roi y travaillait avec les ministres qu'il convoquait, tantôt individuellement, tantôt collectivement. Le conseil se tenait tous les jours, excepté le vendredi (2). Les ministres, dit Saint-Simon, se réunissaient dans la chambre du roi, sur la fin de la messe, pour entrer dans ce cabinet, lors-

---

(1) Voir le plan de Blondel.
(2) « 20 novembre 1699. Le roi tint conseil le matin avec ses ministres, ce qu'il n'a point accoutumé de faire les vendredis. C'est le seul jour de la semaine qu'il ne travaille point avec ses ministres. »   DANGEAU.

que le roi était rentré par la grande galerie qui y communiquait par une porte en glace.

C'est ici qu'avec Colbert il signait ces édits qui allaient répandre la vie et la prospérité dans toutes les veines de l'État ; avec Louvois, il traçait les plans des conquêtes qui ont immortalisé son nom ; avec Torcy, il préparait les traités gardiens des intérêts et de l'honneur français ; et, quand on se rappelle qu'à cette même place il promettait à Villars partant pour Denain, de s'ensevelir avec lui sous les ruines de la monarchie, on s'écrie avec Montesquieu : « Il savait bien que « le courage peut affermir une couronne, et que « l'infamie ne le fait jamais. »

Il donna, dans ces mêmes lieux, une grande preuve de son respect pour la justice. Le chancelier Voisin, ayant appris qu'un scélérat avait eu assez de crédit pour obtenir des lettres de grâce, vint trouver Louis XIV dans son cabinet. « Sire, lui dit-il, Votre Majesté ne peut accorder des lettres de grâce dans un cas pareil. — Je les ai promises, dit le roi, qui n'aimait pas à être contredit; allez me chercher les sceaux.—Mais, sire... —Faites ce que je veux. » Le chancelier apporte les sceaux. Le roi scelle les lettres de grâce, et rend les sceaux au chancelier. « *Ils sont pollués*, dit celui-ci en les repoussant sur la table, *je ne les reprends plus.* » Et le roi, ne prononçant que ces mots : Quel homme !... jette les lettres de grâce au feu.

Louis XIV présidait lui-même tous ses conseils; et ceux qui connaissaient l'inflexibilité de ses maximes politiques et sa jalousie du pouvoir absolu, ne furent pas peu surpris, lorsqu'en 1705 il introduisit un matin, dans ce cabinet, le duc de Bourgogne, et, pour l'associer au gouvernement, ordonna à tous ses ministres d'aller travailler avec lui, toutes les fois qu'il les manderait.... Hommage inattendu, qui fut un coup de foudre pour les ministres, mais qui était bien dû aux vertus du digne élève de Fénelon, de cette âme droite et ferme qui, selon l'expression d'un historien moderne, aimait la liberté, et nourrissait l'espoir d'unir le prince, le peuple et l'armée, par un faisceau d'institutions généreuses !

Louis XIV donnait aussi, dans cette pièce, des audiences particulières : il y reçut, en 1712, lord Bolingbroke, auquel il fit présent d'une bague ornée du diamant magnifique que le grand dauphin portait à son chapeau ; il y reçut également le nonce qui lui présenta la fameuse bulle Unigenitus.

Mais la scène la plus solennelle dont ce cabinet fut témoin se passa le 16 novembre 1700. Le roi, au sortir du lever, y avait fait entrer secrètement le duc d'Anjou : l'ambassadeur d'Espagne est introduit. Louis XIV, lui montrant le jeune prince, lui dit *qu'il pouvait le saluer comme son roi*. Aussitôt l'ambassadeur se jeta à genoux, à la manière espagnole, et lui fit un compliment en cette langue. Le roi lui dit que son petit-fils ne l'entendait pas encore et que c'était à lui à répondre. Aussitôt il fit ouvrir, contre toute coutume, les deux battants de la porte de son cabinet, et commanda à tout le monde d'entrer. Puis, portant majestueusement les yeux sur la nombreuse assistance : « Messieurs, « dit-il, en montrant le duc d'Anjou, voilà le roi « d'Espagne ! Sa naissance l'appelait à cette cou- « ronne, et le feu roi aussi par son testament. « Toute la nation l'a souhaité et me l'a demandé « instamment : c'était l'ordre du ciel, je l'ai ac- « cordé avec plaisir. » Et, se tournant vers son petit-fils : « Soyez bon Espagnol, lui dit-il, c'est à « présent votre premier devoir ; mais souvenez- « vous que vous êtes né Français, pour entrete- « nir l'union entre les deux couronnes. C'est le « moyen de les rendre heureuses et de conserver « la paix à l'Europe. Désormais il n'y aura plus « de Pyrénées. »

Louis XV était loin d'avoir pour les affaires de l'État le goût et l'aptitude de son aïeul : effrayé du poids de la vaste administration de Louis XIV, il s'estimait trop heureux de trouver des mains qui lui épargnaient la peine de le porter. Quand les opérations des ministres n'avaient pas de succès, il se contentait de dire : « Ils l'ont voulu, ils « ont cru faire pour le mieux. »

Aussi, écoutait-il avec insouciance et monsieur le Duc proposant le renvoi de l'infante d'Espagne, et le cardinal de Fleury sacrifiant la Pologne à son amour pour le repos.

Cette table, sur laquelle Louis XIV aimait à s'asseoir pour causer plus familièrement (1), a vu Choiseul présenter à la signature du roi, en 1761, le pacte de famille; en 1763, le traité qui termina la guerre de sept ans; et le 6 août 1762, l'arrêt d'expulsion rendu contre les jésuites, en réponse à cette orgueilleuse condition de leur général : *Sint ut sunt aut non sint.*

Mais, à côté de ces imposants souvenirs, faut-il rappeler qu'à la honte de la royauté, dans cette même salle, en plein conseil, assise sur le bras du fauteuil de Louis XV, une favorite, une courtisane, faisant mille singeries, jeta au feu un paquet de lettres encore cachetées qu'elle avait sai-

---

(1) « J'entrai aussitôt dans le cabinet; j'y trouvai le roi seul et assis sur le bas bout de la table du conseil : ce qui était sa façon de faire quand il voulait parler à quelqu'un à son aise et à loisir. » SAINT-SIMON.

sies entre les mains du roi?... Cet oubli de toute dignité devait préparer de bien grandes catastrophes. Pour les détourner, la mollesse et la légèreté de M. de Maurepas furent impuissantes ; l'incapacité de M. de Clugny, l'inexpérience de Dormesson, les prodigalités de Calonne, l'imprudence de Brienne, irritèrent les alarmes, au lieu de les calmer; en vain Necker proposa d'utiles réformes ; en vain Malesherbes fit de nobles remontrances, elles ne purent sauver le trône; et un jour, le 23 juin 1789, dans l'embrasure de la première croisée de cette salle, M. de Brézé, grand maître des cérémonies, vint, tout ému, rapporter à Louis XVI cette fameuse réponse de Mirabeau :
« Allez dire au roi que nous sommes ici par la
« volonté du peuple, et que nous n'en sortirons
« que par la force des baïonnettes ! »

On ne voit dans cette pièce aucun tableau, mais on y remarque une ancienne horloge du roi, faite, en 1706, par Morand, qui n'était pas horloger :

« Lorsque l'heure va sonner, deux coqs chantent chacun trois fois, en battant des ailes ; en même temps, les portes de l'horloge s'ouvrent, et deux figures en sortent, portant chacune un timbre en manière de bouclier, sur lesquels deux Amours frappent alternativement les quarts avec des massues. Une figure de Louis XIV, semblable à celle de la place des Victoires, sort du milieu de la décoration. Au-dessus d'elle s'élève un nuage; une victoire en descend, portant une couronne qu'elle tient sur la tête du roi. On entend un carillon fort agréable, à la fin duquel tout disparaît, et l'heure sonne (1). »

(1) Description par Dargeuville.

LES CABINETS.

Le cabinet des Termes dont nous venons de parler était ainsi nommé à cause de vingt figures d'enfants en forme de termes, dont il était décoré. Il était entièrement revêtu de glaces et orné de quatre tableaux du Bassan, de vases magnifiques et de plusieurs objets d'art d'un grand prix. C'est par là que Louis XIV entrait dans la grande galerie, lorsqu'il se rendait sans cérémonie à la chapelle. A côté de ce cabinet, il y en avait plusieurs autres, parmi lesquels était le cabinet du billard, qui est devenu la chambre de Louis XV (1).

Cette réunion de pièces formait ce qu'on appelait les *cabinets* ou *les particuliers*. Louis XIV aimait à s'y tenir; il s'y faisait faire des lectures; on y jouait quelquefois la comédie et on y faisait de la musique; Racine y lut sa tragédie d'Esther, avant qu'elle fût représentée à Saint-Cyr. Il fallait avoir les grandes entrées pour y être admis; encore, sur les derniers temps, avait-on

(1) « Cette pièce s'appelait anciennement le Cabinet du billard, et était ornée d'excellents tableaux du Guide, de l'Albane et de Lebrun. » (BLONDEL, liv. VII.)

besoin de toute la protection de madame de Maintenon pour obtenir cette faveur. Elle trouva même que cette retraite était trop accessible, et se plaignit si adroitement au roi de ce qu'il recevait secrètement quelques anciens serviteurs, et notamment Chamillart, que personne ne fut plus reçu que sous son bon plaisir. On regarda comme chose extraordinaire que le maréchal de Villeroi eût assisté à un concert préparé pour le roi, dans ses appartements réservés.

Son but était de séquestrer Louis XIV au profit de ses propres intérêts et de ses prédilections pour le duc du Maine. C'était peu d'avoir fait obtenir à ce fils de madame de Montespan le rang et les honneurs des fils de France : elle voulut perpétuer les mêmes avantages dans les descendants de son favori ; et le 15 mars 1710, dans ces mêmes cabinets, en présence de la famille royale, on vit le grand roi, qui avait toujours parlé à ses fils plutôt en maître qu'en père, prendre à part le grand dauphin et le duc de Bourgogne, et les *prier* d'agréer le rang qu'il donnait aux enfants du duc du Maine : « Je suis vieux, ajouta-t-il, « ma mort ne peut être éloignée ; je vous les re- « commande avec instance, et j'espère qu'après « moi vous voudrez bien les protéger par amitié « pour ma mémoire. »

CHAMBRE DE LOUIS XV.

Cette pièce était le *cabinet du billard*. Louis XIV aimait beaucoup ce jeu auquel il était fort adroit, comme à tous les exercices. Presque tous les soirs d'hiver, il jouait, tantôt avec le duc de Vendôme ou le comte d'Armagnac, grand écuyer, tantôt avec le maréchal de Villeroi ou le duc de Grammont. Il entendit un jour vanter l'adresse de Chamillart; voulant s'en assurer par lui-même, il le fit venir à Versailles, admira sa force et l'admit à sa partie. La principale adresse de Chamillart était de gagner tous les courtisans, et de ne se laisser gagner que par le roi. De Luynes était devenu le favori de Louis XIII en dressant des faucons; Chamillart dut au billard de devenir un des familiers de Louis XIV; mais il paraît que le portefeuille ne lui réussit pas aussi bien que le tapis vert, car on salua sa tombe de cette épitaphe :

« Ci gît le fameux Chamillart,
« De son roi le protonotaire,
« Qui fut un héros au billard,
« Un zéro dans le ministère. »

Après la mort de Louis XIV, lorsque Louis XV

à sa majorité vint résider à Versailles, il fit arranger pour lui cette chambre et y plaça son lit. C'est là, dans cette alcôve, qu'il est mort. — Un soir, il était revenu malade de Trianon : la petite vérole ne tarda pas à se déclarer avec tant d'intensité qu'on ne pouvait entrer sans danger dans sa chambre. *Mesdames*, filles du roi, qui n'étaient plus jeunes et dont la santé était mauvaise, vinrent s'asseoir sous les rideaux de son lit : elles y passaient le jour et la nuit, et prodiguaient à leur auguste père les soins les plus pieux.

Les médecins avaient recommandé au roi de se tenir immobile dans son lit lorsqu'on viendrait pour lui administrer l'extrême-onction. Les portes de la chambre s'ouvrent ; toute la famille royale suit le grand aumônier portant le saint Viatique; aussitôt Louis XV ramassant ses forces rejette sa couverture et se lève sur son séant; et quand M. Andouillé, son premier chirurgien, le supplie de ne pas ainsi s'exposer : « Eh quoi! « dit-il d'une voix encore forte, lorsque Dieu fait « à si peu que moi l'honneur de le visiter, ne « dois-je pas me lever pour le recevoir (1)? »

C'était le 10 mai 1774 : « Toute la Cour, dit

---

(1) Nous tenons cette anecdote du petit-fils d'un seigneur de la cour de Louis XV, qui assistait aux derniers moments de ce monarque.

madame Campan, s'était rendue au château; l'œil-de-bœuf était rempli de courtisans; le palais, de curieux. Le Dauphin avait décidé qu'il partirait avec la famille royale au moment où le roi rendrait le dernier soupir. Les chefs des écuries étaient donc convenus avec les gens qui étaient dans la chambre du roi que ceux-ci placeraient une bougie allumée auprès d'une fenêtre, et qu'à l'instant où le mourant cesserait de vivre, un d'eux éteindrait la bougie. La bougie fut éteinte. A ce signal, les gardes du corps, les pages, les écuyers montèrent à cheval, tout fut prêt pour le départ. Le Dauphin était chez la Dauphine. Ils attendaient ensemble la nouvelle de la mort de Louis XV. Un bruit terrible et absolument semblable à celui du tonnerre se fit entendre dans la première pièce de l'appartement. C'était la foule des courtisans qui désertaient l'antichambre du souverain expiré, pour venir saluer la nouvelle puissance de Louis XVI. A ce bruit étrange, Marie-Antoinette et son époux reconnurent qu'ils allaient régner..... Madame la comtesse de Noailles entra, la salua la première comme reine de France, et demanda à LL. MM. de vouloir bien quitter les cabinets intérieurs pour venir dans la chambre recevoir les princes et tous les grands officiers, qui désiraient offrir leurs hommages à leurs nouveaux souverains. Appuyée sur son époux, un mouchoir sur les yeux et dans l'attitude la plus touchante, Marie-Antoinette reçut ces premières visites. Les voitures avancèrent, les gardes, les écuyers étaient à cheval. Le château resta désert : tout le monde s'empressait de fuir une contagion qu'aucun intérêt ne donnait plus le courage de braver. En sortant de la chambre de Louis XV, le duc de Villequier enjoignit à M. Andouillé, premier chirurgien du roi, d'ouvrir le corps et de l'embaumer. Le premier chirurgien devait nécessairement en mourir. « Je suis prêt, réplique Andouillé; mais, « pendant que j'opérerai, vous tiendrez la tête, « votre charge vous l'ordonne. » Le duc s'en alla sans mot dire, et le corps ne fut ni ouvert ni embaumé. Quelques serviteurs subalternes et de pauvres ouvriers demeurèrent près de ces restes pestiférés; ils rendirent les derniers devoirs à leur maître; les chirurgiens prescrivirent de verser de l'esprit-de-vin dans le cercueil (1). »

On plaça à la hâte le corps du roi dans un carrosse de chasse, et ce fut dans ce déplorable équipage qu'une escorte de quarante hommes courut de Versailles à Saint-Denis, le déposer, la nuit, comme un fardeau importun, dans le tombeau des rois de France!

(1) Mémoires de madame Campan, tome Ier.

Dans les quatre dessus de portes, on voyait autrefois les portraits de Don Juan d'Autriche, de Catherine de Valois, de Marie de Médicis et de François 1er. Ils sont remplacés par les filles de Louis XV, Mesdames Adélaïde, Victoire, Louise et Sophie, dignement placées dans une chambre où elles ont donné de si touchantes marques de piété filiale. A la place du lit où est mort Louis XV, on voit un grand tableau qui représente ce monarque sacré à Reims, le 25 octobre 1722, par le cardinal Jules de Rohan Guémenée.

SALON DES PENDULES,

ANCIEN CABINET DES MINISTRES.

Le salon des pendules doit son nom à la magnifique pendule de Pasmant exécutée par Dauthiot. Ce chef-d'œuvre d'horlogerie et de mécanique a 7 pieds de hauteur et marque régulièrement l'état du ciel, les phases de la lune, le cours des planètes, les jours, les mois et les années.

C'est là que les ministres s'assemblaient, tantôt seuls, tantôt sous la présidence du roi, quand il ne les appelait pas dans son cabinet. Au conseil des dépêches, tous les ministres demeuraient debout, tant que durait le conseil; les princes seuls et le chancelier avaient le droit de s'asseoir. Aux autres conseils, tous ceux qui en faisaient partie avaient le droit de s'asseoir, excepté les maîtres des requêtes qui venaient apporter des pièces au conseil des finances.

On n'a point mis de tableaux dans cette pièce dont les dessus de portes sont du *Poussin ;* mais on y remarque un modèle en bronze de la statue équestre de Louis XV, par Bouchardon, et cinq tables en mosaïques, représentant les plans de plusieurs résidences royales, notamment de Versailles.

CABINET DES CHASSES.

On arrive à ce cabinet par *le salon des pendules,* ou par un petit escalier qui donne sur la cour de marbre. Sous Louis XIV c'était une antichambre; son nouveau nom lui vint, selon les uns, de la frise qui l'entoure et qui représente des chiens de chasse; selon les autres, de l'usage où Louis XV était d'y faire amener quelques-uns de ses chiens avant son départ pour la chasse. On sait quelle était la passion de ce prince pour ce plaisir; on se rappelle cette épigramme, lorsqu'il ne chassait pas : « Le roi ne « fait rien aujourd'hui ! »

Louis XIV aimait aussi beaucoup la chasse, les chevaux (1), les chiens; il avait des chiennes favorites qui couchaient dans son cabinet, et auxquelles, tous les jours en sortant de table, il *portait des biscotines.* Un jour que, contre son habitude, il avait manqué d'assister au con-

---

(1) Fesne, l'un des trois écuyers ordinaires de la grande écurie, était le seul qui dressât les *quatre-vingts chevaux* que le roi montait pour les chasses.

seil, il s'écria, en parodiant un opéra de Quinault :

> « Le conseil à ses yeux a beau se présenter,
> « Sitôt qu'il voit sa chienne, il quitte tout pour elle :
> « Rien ne peut l'arrêter
> « Quand la chasse l'appelle. »

La croisée du cabinet où nous sommes donne sur une petite cour, qu'on appelle la cour des Cerfs; elle est entourée d'un balcon sur lequel, au retour de la chasse, la famille royale se plaçait pour voir faire la curée.

Cette grille en fer, à main gauche sur le balcon, servait d'entrée dans l'alcôve de la chambre de Louis XV. C'est par là que madame Dubarry, dont l'appartement était au-dessus, se rendait secrètement auprès du roi.

La porte dorée, à droite en entrant, donne sur un escalier qui conduisait, en haut, dans le logement de madame Dubarry, en bas, dans la cour de marbre. C'est par là que descendait Louis XIV, pour aller à la chasse ou pour se promener, comme nous l'avons vu dans Monicart; c'est au bas de cet escalier, dans l'ancienne petite salle des gardes du rez-de-chaussée, que le 5 janvier 1757, Damiens frappa Louis XV d'un coup de canif, à l'instant où ce monarque montait en voiture. Depuis cet attentat, les gardes du corps qui formaient la haie autour du roi, *avaient ordre de faire face au public, afin de mieux surveiller et de prévenir de semblables tentatives.*

Au second étage de la cour des Cerfs, en face de l'appartement de madame Dubarry, Louis XV avait fait pratiquer pour lui, de petits appartements, entre autres, un boudoir, une bibliothèque et un laboratoire de chimie, où, réduisant cet art à sa plus vulgaire acception, ses mains royales s'humiliaient quelquefois jusqu'à préparer le chocolat ou le café de la favorite.

Louis XVI aimait aussi cette retraite, qu'il avait fait disposer suivant ses goûts; on y voyait, dans un petit salon doré, les gravures qui lui avaient été dédiées; dans son cabinet topographique, les cartes qu'il avait faites lui-même (1); dans la bibliothèque, des livres précieux, tels que les heures d'Anne de Bretagne (2), et de vieux manuscrits de François Ier, et des derniers Valois; les œuvres de Louis XIV, et des papiers de famille.

Au-dessus de la bibliothèque, était la salle *du tour*; Louis XVI avait du goût pour la menui-

---

(1) Une de ces cartes existe à la bibliothèque du Palais-Royal.

(2) Ce précieux manuscrit est à la bibliothèque du roi.

serie, mais sa passion était la serrurerie. Aussi, avait-il, dans la même enceinte, une forge et deux enclumes. C'est lui qui, sous la direction d'un serrurier, nommé *Gamin* (1), avait, dit-on, forgé la clef de la serrure à sûreté de l'armoire où était renfermé le trop fameux *livre rouge*. C'est lui aussi qui fit le méridien en cuivre adapté au parquet du Salon des Pendules, en face de la première croisée.

Louis XVI était curieux : aussi avait-il fait établir au-dessus de sa forge un belvédère, qui dominait les cours de Versailles, l'avenue de Paris et les jardins du voisinage : assis dans ce belvédère, sur un fauteuil, avec un immense télescope, il observait tout ce qui se passait autour de lui, et le soir il amusait le cercle de la reine, ou embarrassait les courtisans du récit de quelques aventures dont il avait surpris le secret.

(1) « Louis XVI montrait malheureusement un goût trop vif pour les arts mécaniques. La maçonnerie, la serrurerie, lui plaisaient au point qu'il admettait dans son intérieur un garçon serrurier, avec lequel il forgeait des clefs, des serrures; et ses mains noircies par le travail furent plusieurs fois, en ma présence, un sujet de représentations et même de reproches assez vifs de la part de la reine, qui aurait désiré pour le roi d'autres délassements. »

(Mémoires de Mme CAMPAN.)

Le cabinet des Chasses offre aujourd'hui une réunion de portraits qui captiveront à bon droit l'attention de ceux qui visiteront Versailles ; car ce sont tous les hommes qui ont secondé Louis XIV dans ses grands travaux : Colbert, l'ordonnateur des fêtes et des dépenses du palais de Versailles (1) ; Le Brun et Vander-Meulen, Coysevox et Pujet, ses décorateurs ; Mansard et Le Nôtre, ses architectes. La vue de Louis, uniquement entouré des attributs des sciences et des arts, et de ceux qui les ont honorés, repose l'imagination de ces fastueuses allégories où l'homme et le roi disparaissent sous le héros et le dieu ; on aime à se rappeler la protection éclairée, puissante, active, qu'il donnait à l'intelligence et au génie. Ce monarque, si fier vis-à-vis de l'étranger, si exigeant pour les grands seigneurs qui le servaient, si sévère à l'égard de

(1) Dans l'espoir d'éclaircir la grande question de ce que Versailles a coûté, nous avons examiné les comptes tenus par Colbert, et plusieurs autres documents qui existent dans les archives de la couronne ; nous en avons comparé les résultats avec les évaluations si diverses de Mirabeau, de Volney, de Guillemot, de Lemontey, de Dulaure, qui varient depuis *quatre cents millions jusqu'à trois milliards*, et nous sommes resté convaincu, soit que des papiers aient été distraits, soit qu'ils aient été brûlés, qu'il était plus facile de faire des suppositions que des calculs exacts.

sa famille, traitait avec une bienveillance recherchée, et même avec une sorte de bonhomie, les artistes qui se dévouaient à l'exécution de ses grandes pensées. Mansard non-seulement était admis dans la familiarité du roi, mais de simple maçon, il était devenu surintendant des bâtiments, aux appointements de cinquante-deux mille livres, sans perdre la charge de premier architecte, qui lui en valait dix-huit mille, avec la faculté de disposer de tous les emplois (1); et il mourut marquis et chevalier de Saint-Michel.

Louis XIV n'aimait pas moins Le Nôtre, et Le Nôtre était moins rude, plus modeste et plus aimable. Un jour Louis XIV voulut visiter avec lui les bosquets de Versailles, qui venaient d'être achevés. « Monsieur, lui avait dit le roi, je vous « donnerai vingt mille livres par bosquet dont « je serai content. » L'offre fut acceptée avec reconnaissance; mais après la visite des quatre premiers bosquets, que le roi avait bien voulu admirer : « C'est assez, sire, lui dit Le Nôtre; « Votre Majesté est si bonne qu'elle se ruine-« rait. » Le roi voulut lui donner des armes, il refusa. « Puis-je oublier ma bêche ? » dit-il. Et un jour que le roi se promenait dans un de ces

---

(1) Dangeau.

chariots à roulettes, qu'il dirigeait lui-même, et que poussaient des valets de pied, il fit placer Le Nôtre à côté de lui, dans une autre de ces petites voitures; et le bonhomme, transporté de joie, s'écria : « Ah! mon pauvre père, si tu vi-« vais, et que tu pusses voir un pauvre jardinier « comme moi, ton fils, se promener en chaise à « côté du plus grand roi du monde, rien ne man-« querait à mon bonheur. »

SALLE DU DÉJEUNER.

Ancien appartement de madame de Maintenon.

Louis XVI avait l'habitude de déjeuner dans cette pièce avant de partir pour la chasse. Il y laissait entrer, pour les caresser, quatre chiens favoris qu'il aimait tant que, dans la crainte de trop les fatiguer, les pages avaient ordre de les conduire en voiture à la chasse.

Louis-Philippe avait l'habitude de s'y reposer lorsqu'il allait visiter et suivre les travaux du Musée national de Versailles.

Cette pièce, éclairée sur la cour des Cerfs, faisait autrefois partie *du petit appartement de madame de Maintenon.* « Cet appartement, dit « Saint-Simon, était au haut du grand escalier, « de plain-pied avec l'appartement du roi. » La destruction de ce grand escalier et les nombreux changements opérés par Louis XV dans cette partie intérieure du palais, ne permettent plus aujourd'hui que d'indiquer l'emplacement du logement occupé par cette femme célèbre. Ce qu'il y a de certain, c'est que la pièce qu'on appelle aujourd'hui *salle du déjeuner* faisait partie du salon par lequel le roi passait, en sortant de la salle à manger (1), pour se rendre dans le cabinet de madame de Maintenon. La petite galerie Mignard, avec ses deux salons, pouvait offrir à cet appartement de brillants accessoires, lorsqu'on y faisait de la musique ou qu'on y jouait la comédie.

« Au sortir du dîner, dit Saint-Simon, le roi
« entrait chez madame de Maintenon, se mettait
« dans un fauteuil près d'elle, dans sa niche qui
« était un canapé fermé de trois côtés, les prin-
« cesses du sang sur des tabourets auprès d'eux,
« et, dans l'éloignement, les dames privilégiées,
« ce qui pour cette entrée-là était assez étendu.
« On était auprès de plusieurs cabarets de thé
« et de café; en prenait qui voulait. Le roi de-
« meurait là plus ou moins, selon que la conver-
« sation des princesses l'amusait, ou qu'il avait
« affaire; puis il passait devant toutes ces da-
« mes, allait chez lui, et toutes sortaient, ex-
« cepté quelques familières de madame de Main-
« tenon. Dans l'après-dînée, personne n'entrait
« où étaient le roi et madame de Maintenon,
« que madame la duchesse de Bourgogne et le

(1) Voir les plans de Blondel.

« ministre qui venait travailler. La porte était
« fermée, et les dames qui étaient dans l'autre
« pièce n'y voyaient le roi que passer pour sou-
« per, et elles l'y suivaient. »

On le voit, sur la fin de sa vie, Louis XIV avait transporté l'empire et concentré sa cour dans le petit appartement de madame de Maintenon. Le conseil se tenait souvent dans sa chambre, et tout en faisant de la tapisserie, elle donnait son avis sur les affaires de l'État. Comme elle dînait dans son intérieur, à une table particulière avec quelques dames de ses amies, le roi faisait quelquefois porter son dîner chez elle, et, grâce à d'adroites instances, cette galanterie se changea bientôt en habitude. Les convives ordinaires de ces petits dîners étaient, avec la duchesse de Bourgogne, madame de Lévi, dame du palais, madame de Caylus, si spirituelle, si aimable, madame de Dangeau, femme du Suétone de Versailles, et la marquise d'O, dont Louis XIV aimait l'enjouement et l'imagination romanesque. Le roi se plaisait dans cette intimité lorsqu'elle était animée par la présence et la gaieté de la duchesse de Bourgogne; il aimait tant cette princesse, dont la familiarité enfantine était si caressante! il riait si bien de ses aimables étourderies! il se plaisait tant à l'applaudir quand elle jouait tour à tour Esther ou la comtesse d'Escarbagnas !..... Mais en 1712, après la mort de cette princesse, le *reversi* solitaire de madame de Maintenon parut bien triste au vieux monarque ; elle s'en aperçut ; et pour distraire ses ennuis, elle multiplia les petits soupers, les loteries, les spectacles. Elle fit représenter Athalie par les demoiselles de Saint-Cyr.

Quant aux concerts, pour les rendre plus piquants, elle y intercalait des scènes détachées des comédies de Molière que Louis XIV aimait le plus ; et pour concilier ces amusements avec les scrupules de sa conscience, elle faisait jouer ces scènes par des musiciens du roi vêtus en comédiens (1). Mais la musique avait elle-même perdu son attrait pour Louis, qui gémissait en secret de ne voir autour de lui que quelques vielles femmes, parfois le duc du Maine et le comte de Toulouse, et toujours le capitaine des gardes ; car telle était l'inquiétude ombrageuse de madame de Maintenon, que personne autre

---

(1) Tous les comédiens étaient excommuniés, excepté les artistes de l'Académie royale de musique, qui pouvaient même, indépendamment des autres droits des citoyens, obtenir des lettres de noblesse. Ce privilége, qui est inscrit dans les statuts de l'Opéra, fut accordé en souvenir de Louis XIV, qui avait dansé sur les théâtres de la cour.

n'était admis dans cette mystique intimité. Un seul courtisan eut les honneurs de l'exception : ce fut le maréchal de Villeroy. S'il fut choisi par madame de Maintenon, c'est qu'elle était sûre de son dévouement, et qu'en même temps, conteur agréable, compagnon des plaisirs de la jeunesse du roi, il avait l'art d'en réveiller avec grâce les souvenirs, et de faire revivre sous ses yeux ces carrousels, ces ballets et ces fêtes où Louis avait figuré avec tant d'éclat.

Hélas! il y avait loin de l'auguste et triste captif de la veuve de Scarron, au jeune et brillant souverain qui, vainqueur de la Flandre et de la Franche-Comté, venait se délasser des fatigues de la guerre dans les bosquets enchantés de Versailles!

LE CONFESSIONNAL.

C'est là que s'agenouillait le grand roi, c'est là qu'il humiliait sa fierté devant celui au nom duquel s'abaissent toutes les grandeurs de la terre. Louis XIV était pieux et il s'acquittait avec régularité de tous les devoirs de la religion. Son premier confesseur était le P. La Chaise. Lorsqu'il se sentit vieillir, il pria le roi de lui choisir un successeur, et, au nom de l'attachement qu'il lui portait, il l'exhorta à le choisir dans la compagnie de Jésus : « C'est une com-« pagnie, lui dit-il, très-étendue, composée de « bien des sortes de gens et d'esprits ; il ne faut « pas les mettre au désespoir...... un mauvais « coup est bientôt fait, et n'est pas sans exem-« ple..... (1). » Louis XIV se souvint de son aïeul, et un jésuite, le P. Letellier, fut choisi. C'était un zèle plus ardent, plus exalté que celui du P. La Chaise, et sans doute, à travers la grille de ce confessionnal, ses exhortations n'ont

(1) Récit de Maréchal, premier chirurgien du roi.

pas été sans influence pour arracher la révocation de l'édit de Nantes aux scrupules et à la faiblesse de son auguste pénitent.

Louis XIV ne permit jamais à son fils, le grand Dauphin, d'avoir d'autre confesseur que le sien ; il désignait également ceux des autres membres de sa famille, et il les choisissait toujours parmi les jésuites. Il communiait en public cinq fois par an, à Pâques, à la Pentecôte, à l'Assomption, à la Toussaint, à Noël ; il imposait le même devoir à toute sa famille.

Dangeau nous apprend qu'il exhortait lui-même ses courtisans à faire leurs pâques, qu'il estimait ceux *qui les faisaient bien,* et qu'un jour, le 21 mai 1684, dans la chapelle, il réprimanda tout haut le marquis de Gesvres qui entendait la messe irréligieusement. Il ne voulait pas non plus que l'on travaillât le dimanche, *quelque petit que fût le travail,* car il ne permit pas même, un dimanche soir, avant souper, d'*écrire les billets de la loterie de la duchesse de Bourgogne;* et le lendemain de la mort de ce prince, madame de Maintenon écrivait : J'ai « eu le courage de voir les saintes reliques que « le roi portait sur lui. »

Dans la niche près du confessionnal, on remarque une glace sans tain, derrière laquelle se tenait l'épée à la main, pendant la confession, le capitaine des gardes ; car sa consigne était *de ne jamais perdre le roi de vue.*

Le petit-fils de Louis XIV, Philippe V, roi d'Espagne, avait dans ces moments solennels une bien plus étrange habitude. Naturellement ombrageux, défiant, jaloux de tous les secrets de la reine Élisabeth de Parme, il avait fait placer, à l'Escurial, son confessionnal dans un cabinet qui n'était séparé de sa chambre que par une mince cloison, dans laquelle était pratiqué un vasistas mobile qui lui permettait d'entendre et de voir. Lorsqu'il trouvait que la confession durait trop longtemps, il ouvrait le vasistas en disant : « C'est assez, » et rappelait la reine.

On ne sera pas étonné de trouver dans le cabinet du confessionnal de Versailles le portrait de madame de Maintenon !... La jolie enfant qu'elle caresse est Françoise-Marie de Bourbon (Mlle de Blois), fille de Louis XIV et de madame de Montespan. Cette princesse, qui avait la grâce et l'esprit de sa mère, devint l'épouse de Philippe, duc d'Orléans, régent de France.

CABINET DE LOUIS XVI.

ANCIENNE SALLE A MANGER DE LOUIS XIV.

Au bout du salon des Pendules, où l'on rentre par le cabinet des Chasses, se trouve l'ancienne salle à manger de Louis XIV (1). Ce prince aimait la bonne chère, avait un appétit robuste, et faisait par jour deux repas si prolongés, qu'en 1696, pour les abréger, il décida qu'il n'y aurait plus à sa table que *trois services* (2). Il ne buvait que du vin de Champagne; et ce fut un événement à la cour lorsqu'il le quitta, sur l'avis de Fagon, son médecin, pour boire du vin de Bourgogne, « si « vieux, dit Saint-Simon, qu'il en était usé et que « le roi disait en riant : « Il y a souvent des sei- « gneurs bien attrapés à vouloir goûter le vin « de ma bouche. » Il buvait à la glace en tout temps, prenait soir et matin plusieurs potages, et faisait servir tous les jours devant lui une corbeille de pâtisseries qu'il mangeait avec des fruits.

---

(1) Voir les plans de Blondel.
(2) Mémoires de Dangeau.

Il n'aimait pas le gibier, et ne prenait ni thé, ni café, ni liqueur, ni chocolat.

Les fils de France et les princesses du sang dînaient à sa table et se plaçaient à droite et à gauche selon leur rang; madame de Maintenon au milieu. *Monsieur* et *Madame* se mettaient toujours au bout de la table, à gauche du roi, le dos à la fenêtre qui donne sur la grande cour.

Il se passa dans cette salle à manger deux aventures assez singulières. Bontems, le premier valet de chambre de Louis XIV, s'aperçoit un jour que les franges d'or de tous les rideaux du grand appartement ont été coupées et enlevées. Dans son désespoir, il ordonne et fait lui-même les recherches les plus actives pour découvrir les auteurs de ce vol audacieux. Toutes les perquisitions étaient demeurées sans succès, lorsqu'un soir, à souper, un paquet renfermant les franges tombe à l'improviste sur la table du roi avec ce petit billet, tracé d'une écriture contrefaite : « Reprends tes franges, Bontems, la peine en « passe le plaisir; mes baise-mains au roi. » On n'a jamais bien connu la source de ce petit complot; mais on soupçonne que c'était une leçon de vigilance donnée à Bontems, et que le roi lui-même était dans le secret.

La seconde anecdote concerne le duc du Maine. On sait qu'il était le favori de madame de

Maintenon, et qu'elle ne laissait échapper aucune occasion d'exalter le courage et les brillantes qualités de ce prince. A défaut de la vérité, elle ne rougissait point, en pareil cas, d'employer le mensonge ; tant était grande sa faiblesse pour lui ! C'est ce qu'elle fit au sujet de la campagne de Flandre, où les princes s'étaient rendus. Une gazette, fabriquée par la flatterie, annonce que le duc du Maine a donné les preuves de la plus grande valeur, et que même il a été blessé. Comme père et comme roi, Louis XIV l'en félicite ; mais les bulletins officiels de l'armée ne tardèrent pas à détruire son erreur et sa joie ; le duc du Maine ne s'était pas même présenté sur le champ de bataille !... Le roi en prit une telle humeur, qu'en sortant de table où il avait été fort silencieux, il frappa de sa canne un valet de pied dont l'unique tort était d'avoir mis un biscuit dans sa poche. Cet excès de vivacité si contraire au caractère du roi excita une surprise générale ; il n'y eut que les plus intimes confidents qui surent que les épaules du valet de pied avaient porté le poids d'une colère qu'on n'avait point osé manifester à d'autres.

Cette même pièce fut témoin d'une des scènes qui honorent le plus la mémoire de Louis XIV. On sait combien il aimait Molière; il l'avait noblement soutenu pour la représentation du Tartufe; il fit plus encore, si l'on se reporte aux mœurs du temps. Molière était valet de chambre du roi, et à ce titre il mangeait à la table de service; mais les courtisans subalternes, regardant comme un déshonneur de dîner avec un comédien, lui faisaient toujours mauvaise mine et s'éloignaient de lui. Louis XIV le sut, et un matin, après son petit lever, il dit à Molière : « On dit que les officiers de ma chambre ne « vous trouvent pas fait pour manger avec eux : « mettez-vous à cette table, et qu'on m'apporte « *mon en-cas de nuit.* » Et Louis XIV lui servit une aile de volaille. Tout le monde ouvrit de grands yeux, et, de ce jour, on brigua comme une faveur de dîner avec celui qui avait eu l'honneur de déjeuner avec le roi.

Il existe dans la bibliothèque du Palais-Royal un livre intitulé *le Cuisinier de Louis XIV*. A l'aide des menus et des explications qui les accompagnent, on essaya un jour, dans une grande maison, de *recommencer* un des dîners de ce monarque; mais, soit que les vraies traditions aient été perdues, soit que le goût du siècle ait changé, ou que la gastronomie soit en progrès, tout le monde fut d'accord pour reconnaître que si le siècle de Louis XIV avait été le siècle d'Auguste et de Périclès, ce n'était pas celui de Lucullus.

Louis XV faisait aussi grande chère, surtout à Choisy, dont les menus, approuvés par le roi et recueillis sous un maroquin magnifique, attestent que madame de Châteauroux et madame de Pompadour ne dédaignaient pas un dîner fin.

Cette pièce, qui était comme la précédente ornée de tableaux, perdit sa destination première à la fin du règne de Louis XIV, qui en fit un *cabinet de jeu,* et sous Louis XVI, qui en fit *son cabinet particulier*. C'est là qu'il ouvrait ses dépêches, et qu'il conservait ses papiers importants.

Ici finissait, sur la cour de marbre, l'appartement de Louis XIV, qui se terminait sur la petite aile droite de la cour royale, au haut du grand escalier, qui n'existe plus, par la *galerie Mignard*, qui a elle-même disparu lors des modifications que Louis XV fit subir à cette aile du palais.

On trouve dans plusieurs auteurs la description de cette petite galerie, et des deux salons qui l'accompagnaient. Les plafonds avaient été peints par Mignard, et on y admirait une collection de tableaux des grands maîtres, qui fut disséminée dans les appartements du palais, ou déposée à la surintendance (1), lorsque Louis XV

(1) Lors du voyage de Joseph II en France, la reine lui

convertit cette galerie en un appartement, destiné d'abord à sa fille, madame Adélaïde, et consacré plus tard à l'usage personnel du roi.

parla de l'appartement qu'elle lui avait fait préparer dans le château de Versailles; l'empereur répondit qu'il ne l'accepterait pas, et qu'en voyageant il logeait toujours au *cabaret* (ce fut sa propre expression) et qu'il y logerait; mais il dînait avec le roi et la reine, et soupait avec toute la famille réunie.

Il reprochait souvent au roi de laisser *dans la poussière des magasins* tant d'admirables tableaux, et lui dit un jour que si l'usage n'était pas d'en placer quelques-uns dans les appartements de Versailles, il ne connaîtrait pas même les principaux chefs-d'œuvre qu'il possédait.

SALLES DE LA VAISSELLE D'OR.

Les *deux salles de la vaisselle d'or*, le *salon des porcelaines*, la *bibliothèque*, la *petite salle à manger*, vinrent remplacer le grand escalier et la galerie Mignard en 1736, et d'abord servirent de logement à madame Adélaïde, fille du roi : elle couchait dans l'emplacement de la petite galerie ; un des salons avait été arrangé pour son cabinet, l'autre pour sa salle à manger, car cette princesse, qui tenait sa maison, avait l'habitude de traiter ses sœurs Sophie, Louise et Victoire. Lorsque madame Adélaïde descendit au rez-de-chaussée, son appartement reçut les destinations que nous allons rappeler.

Les deux premières salles servaient de dépôt à la vaisselle d'or du roi, qui y était renfermée dans de petits buffets à glaces d'une élégance extrême.

A gauche de la seconde de ces deux pièces, se trouvait le *cabinet de la cassette*, dont le nom indique l'ancien usage. C'est là que Louis XV gardait son trésor privé ; il en jouissait en avare, et l'histoire nous raconte avec surprise que ce prince, si prodigue des deniers de l'État, avait la manie de se composer une épargne particulière qu'il grossissait par un intérêt dans la ferme générale.

Il faisait aussi des affaires particulières, dans lesquelles, comme homme privé, il prenait le nom de Louis de Bourbon, qu'il séparait du roi de France. C'est ainsi qu'il vendit un jour à Sevin, premier commis de la guerre, une petite maison qu'il avait au Parc aux Cerfs. Il fit dire à l'acquéreur de lui en apporter le prix en or, et reçut les 40 mille livres de ses propres mains, dans son cabinet (1).

(1) « Le roi, sur ses fonds particuliers, payait l'entretien « des maisons de ses maîtresses, l'éducation de ses filles natu- « relles, et leurs dots quand elles se mariaient. »

(Mémoires de Mme CAMPAN.)

ANCIEN SALON DE PORCELAINES.

Sous l'ancienne monarchie, on exposait dans ce salon, au premier janvier, les plus beaux produits de la manufacture de Sèvres. Louis XVI se plaisait quelquefois à en faire une loterie pour les dames de la cour; ou, quand on les mettait en vente, il s'amusait à regarder par un trou pratiqué dans la porte d'entrée, les personnes qui faisaient des emplettes.

On y voit aujourd'hui quatre tableaux du règne de Louis XIV, parmi lesquels on remarque le siége de Cambray, de Vander-Meulen; et le siége de Naerden, dont le marquis de Rochefort se rendit maître le 22 juillet 1672.

BIBLIOTHÈQUE.

Le roi se propose de réunir dans cette bibliothèque tous les ouvrages analogues au caractère historique qu'il a donné au palais de Versailles : les mémoires de l'histoire de France, l'histoire de France par les meilleurs auteurs, les récits et les plans de nos grandes batailles, les biographies de tous les hommes célèbres. Cette idée complétera cette admirable collection de souvenirs français.

C'est dans une petite armoire de cette pièce, à côté de la porte-nord, que, sur la dénonciation d'un serrurier que Louis XVI avait admis dans une dangereuse intimité, on découvrit le *livre rouge*, dépositaire de tant de faveurs, de faiblesses et d'ingratitudes !

PETITE SALLE A MANGER DE LOUIS XV.

Lorsque Louis XV eut fait un cabinet de jeu de l'ancienne salle à manger de Louis XIV, il fit faire cette petite salle à manger, où, plus tard, Louis XVI fit placer un billard.

On y voit plusieurs tableaux : le siége de Luxembourg en 1684, le siége de Maëstricht en 1693, et la bataille de Cassano, où, le 16 août 1705, le duc de Vendôme combattit les Impériaux, eut un cheval tué sous lui, se releva, chargea à la tête des grenadiers royaux, et eut la gloire de vaincre le prince Eugène.

ANCIEN CABINET DES MÉDAILLES,

AUJOURD'HUI SALLE DES GOUACHES DE LOUIS XV ET LOUIS XVI.

Cette pièce, située à côté de la salle d'Abondance, était, sous Louis XIV, le cabinet des antiques et des curiosités. Il renfermait : 1° des bijoux ; 2° des médailles ; 3° des pierres gravées ; 4° des curiosités ; 5° des tableaux. On y remarquait des figures d'or couvertes de pierreries, dans une magnifique nef d'or qui pesait 150 marcs. Les médailles et pierres gravées étaient rangées dans plus de trois cents tiroirs, contenus dans douze grandes armoires.

L'origine de cette collection fut le goût que Gaston de France, duc d'Orléans, avait pour les curiosités. Ce prince possédait en effet, au Luxembourg, un très-beau cabinet de médailles, où il se retirait en petit comité, et où il était le jour où mademoiselle de Chevreuse voulait faire arrêter les princes. Il légua, par son testament, l'an 1659, sa bibliothèque et son cabinet à Louis XIV. Cette collection, déjà très-précieuse, fut augmentée par les soins de Colbert et de Louvois, qui furent successivement surintendants des bâtiments du roi, place qui emportait la direction des bibliothèques et des médailles.

Entre autres curiosités, on remarquait le bouclier votif en argent, qui fut trouvé dans le Rhône, près d'Avignon, l'an 1656, et qui est aujourd'hui à la bibliothèque royale, sous le nom de bouclier de Scipion.

Il y avait aussi des statues antiques, Cléopâtre, Cupidon et Vénus. Tous les tableaux étaient des grands maîtres; on admirait surtout une Vierge de Raphaël, une sainte famille de Paul Véronèse, le Sacrifice d'Abraham d'Annibal Carrache, et l'Ange et Tobie d'André del Sarte.

Telle était l'admiration qu'excitait la vue de ce cabinet, que l'auteur de la *Relation des Assemblées de Versailles, en* 1683, s'écrie : « J'ai « vu le riche cabinet du grand calife de Baby- « lone, les superbes ameublements d'Atalus à « Pergame, tous les trésors des rois de la Lydie, « et des amas de pierreries plus que n'en ont tous « les rois des Indes. »

Lorsque, en 1748, madame de Pompadour, qui aimait à jouer la comédie, et qui la jouait bien, voulut offrir cet amusement à Louis XV dans les cabinets, elle choisit le cabinet des Médailles pour le théâtre. La troupe se composait du duc d'Orléans, du duc d'Ayen, du duc de Nivernais, du duc de Duras, du comte de Maillebois, du marquis de Courtenvaux, du duc de Coigny et du marquis d'Entraigues.

Les actrices étaient la duchesse de Brancas, la marquise de Pompadour, la comtesse d'Estrades, et la comtesse d'Angivilliers. Le directeur était le duc de La Vallière.

La première pièce que jouèrent sur ce petit théâtre ces véritables comédiens du roi, fut *l'Enfant prodigue*, de Voltaire.

La seconde fut *le Méchant*, de Gresset, qui était aussi dans les bonnes grâces de madame de Pompadour.

Louis XV n'aimait pas Voltaire; cependant, à la prière de madame de Pompadour, il l'applaudit et lui permit d'assister à la seconde représentation de sa comédie. Voltaire, enchanté, exhala dans ces vers charmants l'encens dont il était enivré :

> « Ainsi donc vous réunissez
> Tous les arts, tous les dons de plaire,
> Pompadour! Vous embellissez
> La cour, le Parnasse et Cythère.
> Charme de tous les yeux, trésor d'un seul mortel!
> Que votre amour soit éternel!

Que tous vos jours soient marqués par des fêtes!
Que de nouveaux succès marquent ceux de Louis!
   Vivez tous deux sans ennemis,
     Et gardez tous deux vos conquêtes! »

SALLE DES CROISADES.

La pièce où nous sommes, qui était autrefois une dépendance de la salle de comédie qui n'existe plus, a reçu sa nouvelle dénomination des tableaux dont Louis-Philippe l'a décorée. Ils retracent l'histoire des croisades; et ce n'est pas une des pages les moins poétiques de notre histoire que les brillantes aventures de ces illustres pèlerins et de ces nobles chevaliers qui, après la conquête des royaumes de Naples et de Sicile, ont porté dans la terre sainte leur pieux courage. Ces noms tant célébrés de Robert Guiscard, de Roger, de Coucy, de Tancrède, de Godefroy de Bouillon; ce concile de Clermont, où la parole de Pierre l'Hermite décida la première croisade; l'Europe croyante se précipitant sur l'Asie infidèle; Antioche et Jérusalem enlevées à l'empire du Croissant; Godefroy, venant, après la bataille d'Ascalon, suspendre dans la chapelle du Saint-Sépulcre le grand étendard de Mahomet et l'épée du soudan d'Égypte; Louis VII, roi de France, entraîné par la foi sur les bords du Méandre et disputant sa vie aux Sarrasins; Philippe-Auguste plantant sur les remparts de Ptolémaïs l'oriflamme qui, dans les champs de Bouvines, avait couvert et protégé son corps foulé aux pieds des chevaux; saint Louis, trop séduit peut-être par l'espoir de devenir le parrain d'un roi mahométan, mais si brave à Massour, si grand dans sa captivité, et mourant sur un lit de cendres avec la ferveur d'un anachorète et le courage d'un héros; Philippe le Hardi, son fils, rapportant en France les restes de ce prince qui, reçu dans le ciel, n'a fait que changer de couronne; cette terre, enfin, arrosée du sang d'un dieu; cette croix qui fut le signe de la rédemption du monde; cette tombe sacrée qui en fut le berceau.... sont autant de souvenirs qui frappent et attachent l'imagination.

Leur charme mêlé de respect tient du merveilleux; et tel est encore leur empire dans la Palestine, qu'en 1836, après des siècles, un petit-fils de saint Louis, visitant les lieux saints, a été, de la part de toute la population, l'objet des plus solennels hommages!

SALLE DES ÉTATS GÉNÉRAUX.

Avant de passer dans les Grands Appartements, arrêtons-nous encore dans l'aile Gabriel pour y voir la salle des États Généraux.

La salle des États Généraux était autrefois le foyer de la salle de spectacle bâtie par Louis XV dans l'aile Gabriel. Le roi Louis-Philippe y a fait placer trois grands tableaux qui représentent les assemblées de nos états généraux à diverses époques de notre histoire : les états de 1506, sous Louis XII; les états de 1614, sous Louis XIII; les états de 1789, sous Louis XVI.

L'histoire des états généraux offre partout ce sentiment d'indépendance qui déjà cherchait à se manifester dans les diètes tenues par nos anciens rois, sous le nom d'*Assemblées de champ de mars* ou *de champ de mai*. Depuis l'année 1137, où Louis le Gros affranchit les communes, et l'année 1303, sous Philippe le Bel, où le tiers état fut admis aux états généraux, il y a eu de nombreux exemples de cet amour pour les franchises nationales, notamment sous Charles le

Bel et sous Philippe VI, et pendant la captivité du roi Jean.

Les états de 1506 ne furent pas moins la reconnaissance des droits de la nation qu'un hommage solennel rendu aux vertus de Louis XII. On jugea que l'acte par lequel le monarque avait disposé de la couronne en faveur du comte d'Angoulême (depuis François Ier), avait besoin de la sanction des états généraux; ils furent convoqués à Tours, et après l'adhésion donnée au testament du roi, l'orateur du tiers, Picot, député de Paris, s'écria : « La France est heureuse; « le mouton bondit au milieu des loups, et le « chevreau joue parmi les tigres. Daignez, Sire, « accepter le titre de *Père du peuple!* » Cette proposition fut accueillie par d'unanimes applaudissements, et la postérité équitable a confirmé ce glorieux surnom.

En 1614, Marie de Médicis, après sa réconciliation avec le prince de Condé, s'était engagée à convoquer les états généraux; ils furent remarquables par la fermeté de langage de Savaron, lieutenant général de Clermont, et de Miron, président du tiers état, à la clôture de ces états, le 23 février 1615. Tel fut surtout l'effet produit par ce nouveau paysan du Danube, que, de retour au Louvre, la cour délibéra s'il ne serait pas opportun de l'envoyer à la Bastille!

Quant aux états généraux de 1789, les derniers qui aient été tenus en France, ils étaient devenus le cri de ralliement de tout le royaume, du jour où le parlement, accusant le gouvernement *de réduire la monarchie française à l'état de despotisme*, avait, par sa déclaration du 3 mai 1788, fixé les bases de la constitution de la France, et transmis à tous les bailliages sa profession de foi. Las du présent, on aimait à se créer un meilleur avenir, et on espérait que, grâce à une assemblée élue par la nation, tous les désordres d'une administration capricieuse feraient place à des principes fixes, à des lois, à des garanties. Les états généraux furent convoqués pour le 5 mai, et le 4, veille de l'ouverture, « une *procession solennelle* (1) eut lieu à Versailles. Le « roi, les trois ordres, tous les dignitaires de « l'État, se rendirent à l'église Notre-Dame. La « cour avait déployé une magnificence extraordi- « naire. Les deux premiers ordres étaient vêtus « avec pompe ; princes, ducs et pairs, gentils- « hommes, prélats, étaient parés de pourpre et « avaient la tête couverte de chapeaux à plumes. « Les députés du tiers, vêtus de simples man- « teaux noirs, venaient ensuite. Cette pompe

(1) Cette procession doit être représentée sur la frise qui entoure cette salle.

« royale, militaire et religieuse, ces chants pieux,
« ces instruments guerriers, et surtout la gran-
« deur de l'événement, émurent profondément
« les cœurs (1). »

Ces états généraux portaient dans leur sein les destinées de la France, et, comme les Machabées, avaient dans une main le glaive qui détruit, dans l'autre la truelle qui édifie.

(1) Thiers, *Révolution française*.

SALON D'HERCULE, ANCIENNE CHAPELLE.

Le salon d'Hercule est situé au-dessus des arcades qui séparent la cour de la chapelle des jardins, et qui rattachent l'aile du nord au corps du bâtiment central. C'était la chapelle du palais, après la destruction de la petite chapelle de Louis XIII et avant l'élévation de la grande et belle chapelle d'aujourd'hui.

Un tableau placé dans la galerie du nord et représentant la cérémonie où Dangeau fut reçu par Louis XIV chevalier de l'ordre de Saint-Lazare, nous apprend quelle était autrefois la disposition de cette chapelle : elle descendait jusqu'au rez-de-chaussée ; le haut était éclairé par des croisées qui donnaient, à la fois, sur la cour et sur le parc, et il y avait tout autour des tribunes ornées de balcons.

C'est là que Bossuet faisait entendre, devant Louis XIV au milieu de sa cour et dans tout l'éclat de sa puissance, ces sublimes paroles : « Dieu « seul est grand ! » C'est là que ce monarque adressa à Massillon qui venait de prêcher, cet éloge si délicat : « Mon père, j'ai entendu plu-

« sieurs grands orateurs dans ma chapelle, et
« j'en ai toujours été fort content : pour vous,
« toutes les fois que je vous ai entendu, j'ai été
« mécontent de moi-même. » C'est là aussi que
madame de La Vallière, le jour où le roi allait
partir pour la Flandre, vint entendre la messe,
ou plutôt voir, pour la dernière fois, celui qui
l'avait tant aimée.

Le mariage du duc de Chartres (depuis régent)
fut célébré dans cette chapelle, le lundi gras
1692, par le cardinal de Bouillon. « Toute la
royale noce, dit Saint-Simon, et les époux superbement parés se rendirent, un peu avant midi,
dans le cabinet du roi, et de là à la chapelle.
Elle était arrangée à l'ordinaire, comme pour
la messe du roi, excepté qu'entre son prie-Dieu
et l'autel étaient deux carreaux pour les mariés,
qui tournaient le dos au roi. Le cardinal de Bouillon tout revêtu y arriva en même temps de la sacristie, les maria et dit la messe. De la chapelle,
on alla tout de suite se mettre à table. L'après-dînée, le roi et la reine d'Angleterre vinrent à
Versailles, avec leur cour. Il y eut grande musique, grand jeu, où le roi fut toujours fort paré,
et fort aise, son cordon bleu par-dessus, comme
la veille. Le souper fut pareil au dîner. Ensuite
on mena les mariés dans l'appartement de la nouvelle duchesse de Chartres, à qui la reine d'An-

gleterre donna la chemise, et le roi d'Angleterre à M. de Chartres. »

Lorsqu'on éleva dans l'aile du nord la grande chapelle, le rez-de-chaussée de l'ancienne fit place à l'arcade qui, de la cour de la chapelle, conduit dans les jardins, et le haut forma un grand vestibule, d'abord sans ornements et sans destination. Ce ne fut qu'en 1729 que, cédant aux conseils de l'évêque de Fréjus, Hercule de Fleury, Louis XV ordonna de le décorer.

Lemoine fut chargé du plafond; il y peignit sur un fond de 64 pieds de long sur 54 de large, l'*apothéose d'Hercule*; il choisit ce sujet, dit-on, par allusion au prénom du cardinal, son protecteur; et pour faire pardonner le rapprochement d'un prince de l'Église avec un demi-dieu de la Fable, il présenta cette allégorie comme *le triomphe de l'honneur conduit par la vertu à l'immortalité.*

On raconte que ce peintre espérait que cette vaste et belle composition le placerait à la cour de Louis XV, dans la même position que Lebrun à la cour de Louis XIV. Mais les temps avaient changé, et Lemoine, désespéré de l'oubli dans lequel on le laissait, perdit la raison, et dans un accès de folie mit fin à ses jours.

C'est dans le salon d'Hercule que, le 6 octobre 1789, la députation de l'assemblée nationale, au nombre de trente-six membres, se réunit pour remettre entre les mains de Louis XVI le décret par lequel cette assemblée *se déclarait inséparable du roi.*

Louis-Philippe a fait placer sur la cheminée un Louis XIV à cheval, couronné par la Victoire. En face, se trouvait un grand tableau représentant Constantin mettant en déroute les troupes de Maxence : le roi l'a fait remplacer par le passage du Rhin, à Tolhuis, le 12 juin 1692, peint par Lebrun.

Ces deux tableaux annoncent dignement Louis XIV, et ses Grands Appartements, dont chacun a reçu son nom du personnage mythologique ou allégorique qui tient le premier rang dans les peintures des plafonds.

GRANDS APPARTEMENTS.

SALLE DE L'ABONDANCE.

Cette salle, qui donnait entrée au cabinet des antiques et des curiosités, doit son nom au plafond qui représente l'*Abondance* avec ses attributs, une couronne, une corne et un sceptre d'or. On y voyait autrefois Énée et Anchise, du Dominiquin, et la femme paralytique de Paul Véronèse. Ces tableaux comme tous les autres avaient disparu de Versailles à la révolution, et les murs étaient nus lorsque Louis-Philippe a conçu sa grande pensée. Comme cette pièce fait partie de la réunion des grands appartements qu'on peut appeler la *Galerie Louis XIV*, on y a rassemblé des tableaux qui retracent plusieurs siéges qui ont illustré son règne; entre autres, Fribourg, rendu au maréchal Créqui, en 1677; la prise de Valenciennes, où les mousquetaires jouèrent un rôle si brillant; Charleroy, emporté par le maréchal de Turenne, et l'entrée du roi dans Ypres, le 25 mars 1678. Ces tableaux sont tous de Vander-Meulen.

SALON DE VÉNUS.

Cette pièce, qui était pavée des marbres les plus rares, correspondait, sur les plans de Mansard, avec le grand vestibule des appartements de la reine, qui est devenu la *salle du Sacre*. On y voit encore les deux perspectives peintes par Rousseau, et, entre les fenêtres, les deux statues, peintes en marbre blanc, de Méléagre et Atalante ; seulement, les coquilles d'or qui les accompagnaient ont disparu. Des deux portes qui sont en face des croisées, l'une est vraie, l'autre n'est que figurée. Par la première, Louis XV se rendait à la comédie. Dans la niche qui les sépare, on voyait, sous Louis XIV, la statue de Cincinnatus, dont on a peine à s'expliquer la présence dans le salon de Vénus ; cette place est bien mieux occupée à présent par le joli groupe des trois Grâces, de Pradier, qui se trouve en harmonie avec ce plafond dont Monicart a dit :

 « Là les trois sœurs que l'on nomme les Grâces
 « Remplissent bien leur devoir et leurs places,
 « En couronnant Vénus, leur maîtresse, de fleurs,
  « Dont les roses sont les couleurs ;

« Et Cupidon voltige au-dessus de sa mère,
 « Avec la flèche et l'arc en main,
« Et ces amours, ornés d'une plume légère,
« Portent du petit dieu, leur frère et souverain,
« Le carquois, le flambeau, son bagage ordinaire. »

Conformément au plan que nous a révélé Félibien, et qui avait pour but de représenter dans les grands appartements du roi, les principaux personnages de l'antiquité, comme les héroïnes dans les appartements de la reine, Houasse a peint, au-dessus de la corniche, *Auguste* assistant à une course dans le cirque de Rome, *Nabuchodonosor* élevant les jardins de Babylone, *Alexandre* épousant Roxane, et *Cyrus* passant en revue son armée.

SALON DE DIANE.

Le plafond, peint par *Blanchard*, représente *Diane* sur un char tiré par deux biches, et entouré des Heures : l'horloge désigne celles du travail ; le Sommeil, celles du repos ; une lampe, celles de la veille. La Chasse et la Navigation, sous la figure de deux femmes, accompagnent la déesse.

Dans l'attique, Cyrus attaque un sanglier, et Alexandre un lion : voilà pour la chasse ; César envoie des colons à Carthage, et Jason aborde à Colchos pour conquérir la toison d'or : voilà pour la navigation.

Fidèle à son intention de toujours rappeler Louis XIV dans ses appartements, Louis-Philippe a fait placer dans cette salle un beau portrait de ce prince en habits royaux, par Rigaud, et un portrait en pied de la reine, sa femme, Marie-Thérèse. S. M. a fait également replacer le buste en marbre blanc de Louis XIV, par le cavalier Bernin.

« Cet habile sculpteur, dit Piganiol, n'avait pas seulement représenté au naturel tous les traits de ce grand monarque; il a encore rendu visibles son cœur, son esprit et sa noble fierté. »

Il paraît que l'illustre cavalier n'avait pas aussi bien réussi pour la statue équestre de ce prince; car voici ce qu'on lit dans les mémoires de Dangeau, à la date du 14 novembre 1685 :

« Le roi se promena (à Versailles) dans l'Orangerie, qu'il trouva d'une magnificence admirable. Il vit la statue équestre du cavalier Bernin, qu'on y a placée, et trouva que l'homme et le cheval étaient si mal faits, qu'il résolut non-seulement de l'ôter de là, mais même de la faire briser. »

Cette statue ne fut pas brisée, mais elle subit une transformation : on la voit aujourd'hui à l'extrémité de la pièce d'eau des Suisses.

SALON DE MARS.

Cette vaste pièce était primitivement destinée à être la *salle des gardes*, mais on en fit une salle de bal et de concert; on la fit servir aussi pour le grand couvert du roi (1).

Il y avait deux tribunes de marbre où l'on plaçait les musiciens; sur les colonnes qui ornaient ces tribunes, étaient des vases de porphyre : des tables d'argent massif, des glaces magnifiques, des guéridons chargés de curiosités, des girandoles de cristal, des meubles de Boule, et le beau tableau de la famille de Darius, par Le Brun, complétaient la richesse et la beauté de ce salon.

L'abbé Bourdelot, dans une lettre à la princesse de Brunswick, donne une description pompeuse d'*un appartement* qui se tint dans cette pièce : nous croyons devoir, avant de rappeler le

---

(1) Quand Louis veut donner un festin magnifique,
Des bals, des concerts de musique,
Pour voir et réjouir et rassembler sa cour,
Il choisit pour cela mon commode séjour.
(Merveilles parlantes de Versailles.)

récit du docteur, faire expliquer par Saint-Simon ce qu'on appelait *appartement*.

« Ce qu'on appelait *appartement* était le concours de toute la cour, depuis sept heures du soir jusqu'à dix, que le roi se mettait à table, dans le grand appartement, depuis un des salons du bout de la grande galerie jusque vers la tribune de la chapelle. D'abord, il y avait une musique; puis des tables pour toutes les pièces, toutes prêtes pour toutes sortes de jeux; un lansquenet où Monseigneur et Monsieur jouaient toujours, un billard, en un mot, liberté entière de faire des parties avec qui on voulait, et de demander des tables si elles se trouvaient toutes remplies; au delà du billard, il y avait une pièce destinée aux rafraîchissements; et tout parfaitement éclairé. Au commencement que cela fut établi, le roi y allait et y jouait quelque temps; mais dès lors il y avait longtemps qu'il n'y allait plus, mais il voulait qu'on y fût assidu, et chacun s'empressait à lui plaire. »

Écoutons maintenant le bon vieillard :

« Dans la salle de bal, il y avait des dames fort belles et jeunes, toutes brillantes de pierreries : madame la princesse de Conty, la belle, emporte le prix de la danse. Mais le grand objet où était le charme, c'est le roi; il y avait trois carreaux sur le bord de l'estrade. Je fus étonné qu'il se fût assis là sans façon : il ordonnait la danse et la musique, parlant souvent à madame la Dauphine, qui lui répondait agréablement. J'admirais les airs que S. M. commandait que l'on chantât : ils étaient touchants et bien choisis. . . . . . Le duc de Nevers me fit part de ses poésies; on prit des rafraîchissements; j'eus l'honneur d'être du même écot avec des princes et MM. les ducs de Créquy, Saint-Aignan, La Feuillade, Roquelaure, et MM. les maréchaux d'Humières et de Lorge; je choquai le verre avec le maréchal de Schomberg et MM. de Choiseul et Duquesne; M. de Montausier se serait laissé aller à la débauche, mais il me dit que les soirs il prenait du lait pour le rhume. En un mot, j'en sortis l'âme étourdie, enlevée, émerveillée! »

Le plafond, peint par Audran, représente Mars sur un char tiré par des loups, et suivi de génies sous des traits d'enfants; et aux deux extrémités, on voit les figures de la Victoire et de la Terreur, l'une par Jouvenet, l'autre par Houasse; au-dessus des portes, la Justice, la Modération, la Force et la Prudence, par Simon Voët; et, au-dessus de l'attique, César et Marc-Antoine, par Jouvenet; Constantin, par Houasse; Démétrius et Cyrus, par Audran.

Louis-Philippe a fait placer dans cette grande

pièce plusieurs tableaux et plusieurs portraits : Parmi les tableaux, on remarque le sacre de Louis XIV, à Reims, le 7 juin 1654, et son mariage, le 9 juin 1660, avec Marie-Thérèse d'Autriche. S'ils paraissent s'épouser de *la main gauche*, c'est qu'il faut se rappeler que ces tableaux étaient destinés à être reproduits sur des tapisseries des Gobelins, dont les ouvriers travaillaient à rebours : on coupait ces tableaux par morceaux, et plusieurs de ceux qui figurent à Versailles ont été trouvés en lambeaux dans les greniers du Louvre. La figure de Louis XIV y a perdu un peu de sa grâce et de sa fraîcheur, et justifierait moins ce que madame de Maintenon, alors madame Scarron, écrivait à une de ses amies : « La reine dut se retirer, hier au soir, « assez contente du mari qu'elle a choisi. »

Parmi les portraits, on distingue le négociateur de ce mariage et du traité des Pyrénées, Mazarin, qui sut attendre du temps ce que Richelieu demandait aux échafauds, lasser par sa patience toutes les haines, toutes les intrigues, toutes les chansons, et mourir tranquillement dans son lit, avec toute la solennité qui entoure les derniers moments des rois; et cette belle duchesse de Longueville, aux yeux bleu-turquoise, assez folle de la faveur populaire pour aller faire ses couches à l'hôtel de ville ; assez désabusée de ses brillantes erreurs pour finir, dans la pénitence d'un cloître, une vie que l'amour et l'ambition avaient tour à tour agitée.

SALON DE MERCURE.

« Pour une chambre à meuble autrefois on me fit,
Et je portai le nom de la Chambre du lit
Dont l'on ne voit plus que la place (1). »

C'était en effet la chambre de parade des grands appartements, la chambre pour laquelle Delobel avait composé son merveilleux ameublement. Le lit y était encore en 1700, car, après la reconnaissance du duc d'Anjou comme roi d'Espagne, Louis XIV dit à ce jeune prince que ce *lit serait le sien jusqu'à son départ.* Le nouveau roi y coucha dès le soir même, et le lendemain, il y reçut les hommages de toute la cour.

Le plafond est de Philippe de Champagne. Alexandre, Auguste et Ptolémée figurent dans l'attique; et deux allégories de Lesueur, relatives, l'une à la naissance de Louis XIV, l'autre à son sacre, forment les dessus de portes.

(1) MONICART.

On y remarque avec un grand intérêt le tableau où Colbert présente au roi l'Académie des sciences, fondée en 1666; les portraits de Gaston, duc d'Orléans, frère de Louis XIII, et de sa famille; de Gaston qui fut un homme aimable, instruit, spirituel, mais un prince sans énergie; Marie de Bourbon, sa première femme, si riche, si belle, et qui perdit la vie en la donnant à la *grande Mademoiselle;* Élisabeth d'Orléans, duchesse de Guise, fille de Gaston et de sa seconde femme, Marguerite de Lorraine, dont le mariage avait été un roman; Marguerite-Louise d'Orléans, grande-duchesse de Toscane, qui à Florence ne pensait qu'à revenir dans sa patrie, et Françoise-Madeleine d'Orléans, mademoiselle de Valois, qui mourut duchesse de Savoie, un an après son mariage.

SALON D'APOLLON.

(SALLE DU TRÔNE.)

Le plafond, peint par Lafosse, représente Apollon sur son char attelé de quatre chevaux, au milieu des saisons, sous les traits de Flore, Cérès, Bacchus et Saturne. Le même peintre a peint dans l'attique Coriolan fléchi par Véturie, Vespasien faisant bâtir le Colisée, Auguste ordonnant la construction du port de Mycène, et l'entrevue d'Alexandre et Porus. Aux angles du plafond, des Renommées proclament la gloire de Louis XIV; et au-dessus des portes, ce monarque figure comme vainqueur de l'hérésie et protecteur des sciences et des arts.

Cette belle pièce était autrefois la salle du trône; ses lambris de marbre, ses pilastres richement dorés, les grands vases d'argent placés auprès du trône, le trône recouvert d'un dais magnifique, le tapis de l'estrade où étaient figurés en or le soleil et ses bienfaits, enfin les superbes tapisseries des Gobelins qui décoraient cette salle en faisaient une des plus brillantes du palais. C'est là que Louis XIV, sur son trône, reçut la soumission de ce doge de Gênes qui, au milieu de toutes les merveilles de Versailles, *ne fut surpris que de s'y voir*, et qui, charmé de la bienveillance du roi autant que blessé de la hauteur de Louvois et de Croissy, disait : « Le « roi ôte à nos cœurs la liberté par la manière « dont il nous reçoit, mais les ministres nous « la rendent. » Il y reçut également les ambassadeurs de Siam, auxquels les princesses donnèrent ensuite audience, assises sur leur lit. C'est là que le 11 mars 1685, les députés d'Alger vinrent saluer ce monarque et lui dirent « que le « Dey prenait la hardiesse de lui faire un petit « présent de douze chevaux barbes, et qu'il espé- « rait que S. M. ne les dédaignerait pas, puisque « Salomon avait bien reçu la cuisse de la saute- « relle que la fourmi lui avait présentée. »

C'est là enfin que le 13 août 1715, Louis XIV, déjà bien malade, donna sa dernière audience publique : c'était l'audience de congé de cet ambassadeur de Perse, qu'au mois de novembre 1714 il avait reçu avec tant de magnificence dans la grande galerie après l'avoir envoyé chercher à Marseille par M. de Saint-Olon, un de ses gentilshommes ordinaires.

Cette salle vit aussi en 1742 les envoyés de

Mahomet V, admis devant Louis XV; en 1778, les envoyés du roi de Mysore, de Tipoo-Saëb, admis devant Louis XVI.

Les tableaux que Louis-Philippe y a fait placer se rapportent tous au règne de Louis XIV. Les villes de Douay, Tournay, Mons, ouvrent leurs portes à ce prince; et parmi les personnages on aime à retrouver les deux duchesses d'Orléans, épouses de Philippe, frère du roi; l'une, Charlotte de Bavière, si fière et si hardiment spirituelle; l'autre Henriette, plus tendre, et dont la mort inspira une si belle page à Bossuet; et sa mère, veuve de Charles Ier, si courageuse dans le malheur; cette princesse palatine, Anne de Gonzague dont l'esprit était si ardent en politique, et le cœur si passionné pour le duc de Guise (1); et Marie-Louise d'Orléans, reine d'Espagne, qui révéla à Louis XIV le secret de la couche royale, et qui mourut par le poison pour n'avoir pas voulu la souiller.

(1) Henri de Lorraine, celui qui avait un moment régné sur Naples, et que dans les carrousels, en présence du grand Condé, on appelait *le héros de la Fable*.

SALON DE LA GUERRE.

Ce salon forme avec celui de la Paix le complément de la grande Galerie des Glaces : toutes les peintures qui le décorent, sont également consacrées à la gloire de Louis XIV, également dues au pinceau de Le Brun.

Pour bien connaître l'esprit dans lequel ces tableaux ont été faits, et pour conserver à leur description la couleur du temps et le secret de la haute pensée qu'on cherchait à traduire ou plutôt à flatter, il faut lire l'explication tracée, en 1687, sous les yeux de Louis XIV, par Rainssan, conservateur du cabinet des médailles.

GRANDE GALERIE DES GLACES.

Nous l'avons déjà dit, cette grande galerie ne se trouvait point dans l'exécution du premier plan de Mansard. On avait laissé subsister la terrasse avec une galerie étroite, dans le renfoncement, n'ayant que neuf croisées de face; et d'un côté, la chambre du roi, de l'autre, la chambre de la reine, faisaient partie des deux pavillons qui se réduisirent aux deux salons de la Guerre et de la Paix, lorsque, par ordre de Louis XIV, Mansard supprima la terrasse, créa la Grande Galerie, longue de 222 pieds sur 32 de large et 40 de hauteur, avec 17 grandes croisées sur les jardins.

Le Brun fut chargé de la décorer, et le plafond devint l'apothéose de Louis XIV. Nous recommandons également, pour le motif dont nous avons parlé plus haut, au sujet du salon de la Guerre, la description que Rainssan nous a laissée des *grands tableaux* qui ornent cette galerie; cette expression fidèle d'un si fastueux travail eut du retentissement en Europe; et les souverains se jurèrent de poursuivre, jusque dans cet Olympe, le nouveau dieu qui venait d'humilier leur orgueil (1).

PREMIER TABLEAU.

Le roi prend lui-même la conduite de ses États, et se donne tout entier aux affaires. 1661.

(Il est au milieu de la voûte.)

DEUXIÈME TABLEAU.

Résolution prise de châtier les Hollandais. 1671.

(Il est au côté gauche du grand tableau du côté des fenêtres.)

TROISIÈME TABLEAU.

Le roi arme sur terre et sur mer. 1672.

(Il est au côté droit du grand tableau au-dessus des fenêtres.)

QUATRIÈME TABLEAU.

Le roi donne ses ordres pour attaquer en même temps quatre des plus fortes places de la Hollande. 1672.

(Il est au côté gauche du grand tableau au-dessus des miroirs.)

CINQUIÈME TABLEAU.

Passage du Rhin en présence des ennemis.

(Il occupe toute la voûte, comme celui qui est au milieu de la galerie.)

(1) « La grande galerie de Versailles et ses deux salons n'ont pas eu peu de part à irriter et à liguer toute l'Europe contre le roi. » (SAINT-SIMON. 1695.)

SIXIÈME TABLEAU.

Ligue de l'Allemagne et de l'Espagne avec la Hollande. 1672.

(Il est au-dessus de l'arcade du salon de la Guerre.)

SEPTIÈME TABLEAU.

La Franche-Comté conquise pour la seconde fois. 1674.

(Il est à côté du grand tableau au-dessus des miroirs.)

HUITIÈME TABLEAU.

Prise de la ville et de la citadelle de Gand en six jours. 1678.

(Il occupe toute la voûte.)

NEUVIÈME TABLEAU.

La Hollande accepte la paix, et se détache de l'Allemagne et de l'Espagne. 1678.

(Il est au fond de la galerie, sur la porte du salon de la Paix.)

Les inscriptions des grands tableaux, ainsi que des dix-huit petits, sont généralement attribuées à Racine et à Boileau, que Louis XIV avait choisis pour ses historiographes, mais dont les fonctions, s'il faut en croire Dangeau, se bornaient à faire quelques lectures, et à recevoir de temps en temps mille pistoles de la munificence royale. Quinault, dans une maladie qu'il fit en 1786, éprouva des scrupules d'avoir travaillé pour le théâtre; il fit demander au roi *de le dispenser des opéras*, et promit de décrire en vers les peintures de la grande Galerie ; ce poëme n'a jamais existé, ou du moins nous n'en avons découvert aucune trace. Une tradition affirme que Louis XIV avait confié la rédaction de ces inscriptions à plusieurs académiciens, et que les réunions nécessitées par ce travail donnèrent naissance à l'*Académie des Inscriptions et Belles-Lettres.*

C'est dans cette galerie que Louis XIV étalait toutes les grandeurs de la royauté ; et tel était le luxe du temps, et l'éclat de la cour, qu'à peine cette pièce immense pouvait contenir la foule de courtisans qui se pressaient autour du monarque. Lorsqu'il voulait imposer à quelque ambassadeur, et donner une haute idée de sa puissance, il faisait transporter le trône dans la Galerie des Glaces ; il y reçut, entre autres, l'ambassadeur du roi de Perse, en 1714, afin de lui montrer qu'un roi de France pouvait égaler les magnificences de l'Orient.

On y donnait des bals, des fêtes, et les mémoires du temps en parlent avec enthousiasme. L'une des plus brillantes eut lieu le 7 décembre 1697, à l'occasion du mariage du duc de Bourgogne avec Adélaïde de Savoie. « La galerie du château fut éclairée de quatre mille bougies, pour un bal où les dames parurent toutes en velours noir, étincelantes de pierreries. Les hommes étaient également chargés de diamants. Le bal fut suivi d'une collation aussi somptueuse qu'élégante ; elle offrait, en plein hiver, tous les agréments du printemps réunis aux richesses de l'automne. Une infinité de tables ambulantes présentaient des parterres émaillés de fleurs. Ce service étonna tous les convives. Le roi et les jeunes époux en firent les honneurs. Des filous trouvèrent le moyen de se glisser parmi cette riche assemblée : ils y volèrent beaucoup de pierreries ; ils allèrent même jusqu'à couper un morceau de la robe de la duchesse de Bourgogne, pour enlever une agrafe de diamants. »

La tradition de ces fêtes se perpétua sous les règnes suivants : telles furent celles qui saluèrent l'arrivée, à Versailles, de Marie-Antoinette, si jeune, si belle, et alors si heureuse ! Telle fut aussi la réception du comte du Nord (Paul Ier), le 20 mai 1782.

Le roi Louis-Philippe a fait restaurer cette galerie, et l'a ornée de riches candélabres.

SALON DE LA PAIX.

Indépendamment des belles peintures de Le Brun, des vases de porphyre, les chinoiseries les plus rares, des tables d'argent massif, les orfévreries du plus grand prix, les meubles du travail le plus riche, décoraient cette pièce, qui était le *salon du jeu de la reine*.

On a toujours joué beaucoup à la cour de France : Henri IV était joueur, et parfois mauvais joueur : il raillait ceux qui perdaient. « Une « nuit, il gagna à Lesdiguières cinq mille écus « à trois dés, et à Sancy un cordon de perles « estimé huit mille écus, duquel S. M. se jouant « dit tout haut, que c'était pour gagner le « jubilé. »

Mazarin dut à son bonheur et à son adresse au jeu une partie de cette fortune qui lui permit de léguer à la couronne les dix-huit gros diamants qui prirent son nom ; à la reine mère, Anne d'Autriche, le gros diamant appelé la *rose d'Angleterre ;* à Marie-Thérèse, femme de Louis XIV, un bouquet de cinquante diamants, trente émeraudes au duc d'Anjou, et près de 100 millions à sa famille.

Louis XIV aimait aussi beaucoup le jeu et entretenait ce goût dans sa cour par ses largesses. Ainsi, toutes les fois qu'il faisait un voyage dans une résidence royale, il donnait à la reine, aux princesses et à leurs dames une bourse d'or pour leur jeu. C'est ainsi que le jour où un beau carrosse, attelé de huit chevaux et entouré d'une nombreuse livrée gris de lin, amena pour la première fois mademoiselle de Fontanges à Fontainebleau, elle trouva dans sa voiture dix mille louis en or.

Madame de Montespan était joueuse à l'excès. On raconte que dans une nuit elle avait perdu 400 mille pistoles au biribi. Mais elle tourmenta le banquier de la cour jusqu'à ce qu'il l'eût acquittée; il n'osa pas refuser cette faveur à la maîtresse du roi, et sa complaisance devint la cause de sa ruine.

Le roi jouait de préférence au trictrac et au brelan. Un soir, au trictrac, il y eut un coup indécis; on discutait; les courtisans gardaient le silence. Le comte de Grammont arrive. « Jugez-« nous, lui dit le roi. — Sire, c'est vous qui avez « tort. — Eh! comment pouvez-vous me donner « tort avant de savoir ce dont il s'agit?—Eh! sire, « ne voyez-vous pas que pour peu que la chose

« eût été seulement douteuse, tous ces messieurs
« vous auraient donné gain de cause ? »

Les confidences des mémoires du chevalier de Grammont nous apprennent que la délicatesse et la probité ne présidaient pas toujours à ces amusements, où plusieurs seigneurs de la cour cherchaient par une adresse équivoque à refaire leur crédit aux dépens de leur honneur. Cette audace n'épargnait même pas le roi, car Seissac, qui faisait sa partie de brelan, ayant joué un coup suspect, le roi fit arrêter sans bruit le *garçon bleu qui tenait le panier des cartes;* les cartes se trouvèrent pipées ! Le cartier avoua que c'était Seissac qui les lui avait fait faire, sous la promesse d'une part dans ses bénéfices.

La grande distraction de Marie-Thérèse, épouse de Louis XIV, était le jeu ; comme elle perdait quelquefois, et qu'elle n'avait que les mille écus par mois, alors assignés aux reines pour leurs menus plaisirs, elle se trouvait souvent embarrassée pour satisfaire à la fois à ses plaisirs et aux aumônes qu'elle aimait à faire. Aussi fut-elle extrêmement piquée, lorsque Mazarin, au lieu de lui faire douze mille écus d'étrennes comme à la reine mère, Anne d'Autriche, ne lui fit envoyer que dix mille livres.

Sous Louis XV, ce salon fut témoin d'une scène qui fit beaucoup de bruit. Le prince de Dombes, fils du duc du Maine, jouait avec le marquis de Coigny, père du maréchal, et lui gagnait tout son argent. Le marquis piqué s'écria : « En vé-« rité, il n'y a qu'un bâtard (1) qui puisse être « aussi heureux. » Le prince de Dombes répliqua : « Ce propos ne peut rester sans réponse. » Il fut convenu qu'après le jeu de la reine, ils monteraient chacun dans leur carrosse et marcheraient jusqu'à ce que le jour parût, et qu'alors ils se battraient. Ils prirent la route de Paris, et aux premiers rayons de l'aurore, ils s'arrêtèrent entre Sèvres et Versailles et mirent l'épée à la main. Le prince de Dombes tua le marquis de Coigny. C'est depuis cette aventure que ce lieu a pris et conservé le nom du *Point du Jour*.

Samuel Bernard était admis au jeu de la reine, et c'est avec un sentiment pénible que l'on voit, dans les mémoires du temps, les sordides coquetteries que les plus grandes dames de la cour faisaient à ce nouveau Midas, pour qu'il eût la bonhomie de les laisser tricher à leur aise.

Après la mort de Marie Leckzinska, le jeu se tint chez la Dauphine, comme étant la première personne de l'État; ainsi le voulait l'étiquette établie par Louis XIV.

---

(1) On se souvient que le duc du Maine, père du prince de Dombes, était bâtard du roi Louis XIV.

CHAMBRE A COUCHER DE LA REINE.

Trois reines ont couché dans cette chambre, Marie-Thérèse, femme de Louis XIV, Marie Leckzinska, femme de Louis XV, Marie-Antoinette, femme de Louis XVI.

Anne d'Autriche, femme de Louis XIII, n'est jamais venue à Versailles. On dit que ce monarque avait eu la pensée d'y établir mademoiselle de La Fayette; il se hasarda même à lui en faire en rougissant la proposition; mais elle préféra l'austérité du couvent à ce caprice du plus ennuyé des princes.

Marie-Thérèse d'Autriche avait de jolis yeux bleus et des cheveux d'un blond admirable. Sa fierté, qui lui avait fait dédaigner tout autre qu'un roi pour époux, était flattée de celui dont elle avait reçu la main; mais son cœur eut plus d'une fois à souffrir de ses fastueuses infidélités; elle était douce et patiente, et son plus bel éloge est dans ce mot de Louis XIV, lorsqu'il la perdit: « C'est le premier chagrin qu'elle m'ait causé. »

Quelques années après la mort de cette reine, cette chambre fut occupée par la Dauphine, la duchesse de Bourgogne. C'est là qu'elle mit au jour le duc d'Anjou (depuis Louis XV), qui fut ondoyé par le cardinal Janson dans la chambre même où il était né, et emporté ensuite sur les genoux de la duchesse de Ventadour dans la chaise à porteurs du roi, accompagné par le maréchal de Boufflers. Un peu après, Lavrillière lui porta le cordon bleu, et toute la cour l'alla voir. C'est là aussi que cette charmante princesse mourut en 1712 (1).

La reine Marie Leckzinska avait de la grâce, de l'esprit, de la gaieté, une piété sincère et une charité pour les pauvres qui lui a valu le surnom si doux de *bonne reine*.

Marie-Antoinette avait beaucoup d'éclat, un sourire enchanteur, le regard fier, la taille la plus élégante, et la démarche d'une fille des Césars. C'est dans cette chambre qu'elle mit au monde, le 19 décembre 1778, *Madame*, depuis du-

---

(1) « Le samedi matin, 13 février, MM. de Cheverny, d'O et Gamaches, qui avaient passé la nuit dans l'appartement de monseigneur le Dauphin, le pressèrent de s'en aller à Marly, pour lui épargner l'horreur du bruit qu'il pouvait entendre sur sa tête où la Dauphine était morte. Il sortit à sept heures du matin par une porte de derrière de son appartement, où il se jeta dans une chaise bleue qui le porta à son carrosse. »

(Mémoires de SAINT-SIMON.)

chesse d'Angoulême. L'étiquette de laisser entrer indistinctement tous ceux qui se présentaient au moment de l'accouchement des reines fut observée avec une telle exagération, qu'à l'instant où l'accoucheur dit à haute voix : *La reine va accoucher*, les flots de curieux qui se précipitèrent dans la chambre furent si tumultueux que l'on étouffait. La reine manquait d'air, et peut-être ce désordre lui aurait coûté la vie, sans une brusque saignée qui la sauva. Depuis ce jour, on restreignit au nombre officiel les personnes admises à constater la naissance des fils ou des filles de rois.

Dans cette même chambre, mais dans une circonstance bien différente, Marie-Antoinette courut un danger d'une autre nature : dans une nuit terrible, la nuit du 6 octobre, elle fut réveillée par ces cris d'un généreux dévouement : « Sauvez la reine ! » Tremblante, presque nue, elle s'échappa de son lit et courut chercher auprès du roi un refuge contre les furieux qui venaient d'ensanglanter le palais.

Le plafond subit quelques changements à l'époque du mariage de Louis XVI avec Marie-Antoinette ; on y entremêla les chiffres de France et d'Autriche. Les quatre figures des angles, la *Fidélité*, l'*Abondance*, la *Charité*, la *Prudence*, sont de Boucher.

Au-dessus des portes, on remarque les filles de Louis XV et son fils Louis, Dauphin, prince vertueux et sage, qui n'est pas monté sur le trône, et dont les trois fils, Louis XVI, Louis XVIII et Charles X, ont tour à tour porté une couronne agitée par tant d'infortunes!

Parmi les tableaux nouvellement placés dans cette pièce, on remarque l'*Établissement de l'hôtel royal des Invalides* en 1674, la plus noble peut-être des grandes pensées de Louis XIV! temple élevé au courage et à la gloire, où se sont pressés les débris vivants de toutes nos grandes batailles, depuis Turenne jusqu'à Napoléon, depuis Napoléon jusqu'à nos jours.

SALON DE LA REINE.

C'est là que se tenait le cercle de la reine; c'est là que sous Marie-Thérèse, femme de Louis XIV, brillaient par leurs grâces et par leur esprit, Henriette d'Angleterre, duchesse d'Orléans, et ces trois sœurs desquelles l'abbé Testu disait : « Madame de Montespan parle comme une per-« sonne qui lit, madame de Thianges comme « une personne qui rêve, madame de Fonte-« vrault comme une personne qui parle. »

Louis XIV, qui avait gardé un aimable souvenir des cercles de la reine Anne d'Autriche, sa mère, où régnait une fleur de politesse et d'aménité, pressait beaucoup la reine sa femme de les continuer; mais elle y apportait un esprit distrait. Après la mort de cette princesse, il en chargea la dauphine de Bavière, femme du grand Dauphin; elle avait assez d'esprit pour bien s'en acquitter: mais ses fréquentes grossesses la retenaient trop souvent dans son lit; enfin, il poursuivit son idée auprès de la duchesse de Bourgogne : il voulut que le mardi, jour où tous les ministres étrangers venaient à Versailles, elle tînt cercle après son dîner, dans le salon de la reine; mais cette princesse était trop légère, trop enfant, pour donner à ces assemblées la dignité dont Louis XIV était si jaloux; il finit par y renoncer, et s'emprisonner dans les petits appartements de madame de Maintenon.

Marie Leckzinska aimait la bonne conversation et les gens d'esprit : le président Hénault était admis dans son salon, et l'historien devenait poëte pour adresser à la reine d'ingénieux madrigaux. Louis XV exigea un jour qu'elle reçût madame de Pompadour dans le costume d'un rôle qu'elle devait jouer, et dans lequel elle portait une corbeille de fleurs. La reine fit l'éloge de sa grâce et de la beauté de ses bras, et, avec le ton de supériorité qui donne aux louanges mêmes quelque chose d'offensant, elle la pria ensuite de chanter dans l'attitude où elle était. La marquise sentit tout ce que cet ordre avait d'humiliant pour elle; et, pour s'en venger, elle chanta le monologue d'Armide, *Enfin, il est en ma puissance!* Madame Campan dit que « toutes les dames présentes à cette scène eurent « à composer leurs visages en remarquant l'alté- « ration de celui de la reine. »

Lorsque Marie-Antoinette était dauphine, on voyait habituellement dans son salon la comtesse de Noailles, sa dame d'honneur; le comte de Saulx

Tavannes, son chevalier d'honneur ; le comte de Tessé, premier écuyer ; mesdames Adélaïde, Victoire et Sophie, le comte et la comtesse de Provence ; le comte et la comtesse d'Artois. Devenue reine, elle ne tarda pas à se fatiguer des embarras de la représentation royale ; elle se choisit, sous l'influence de madame de Polignac, une société de prédilection; et le cercle de la reine ne fut plus qu'un petit comité qui se tenait, comme nous l'avons dit, dans les petits appartements de Marie-Antoinette.

Le plafond de cette pièce est dû au pinceau de *Michel Corneille* : il représente Mercure protecteur des sciences et des arts ; on voit, dans les voussures, Sapho jouant de la lyre, Pénélope brodant une tapisserie, Aspasie discutant avec les philosophes, la Peinture occupée d'un tableau.

Parmi les portraits, on distingue la jolie figure de cette duchesse de Berry, fille du régent, qui eût fait, par ses grâces, son esprit et son amabilité, le charme de la cour, si elle n'eût point profané, par ses erreurs, les dons brillants dont la nature s'était plu à la parer.

Un tableau fixe aussi l'attention ; c'est *Louis XIV visitant la manufacture des Gobelins*, que ce monarque a si puissamment encouragée, et dont il préférait les produits aux tableaux de son temps.

5...

SALON DU GRAND COUVERT DE LA REINE.

La reine avait son grand couvert comme le roi ; Marie Leckzinska dînait tous les jours en public. « Marie-Antoinette (dit madame Campan) « observa cette coutume fatigante tant qu'elle « fut dauphine : le dauphin dînait avec elle, et « chaque ménage de la famille avait tous les jours « son dîner public. Les huissiers laissaient en- « trer tous les gens proprement mis ; ce spectacle « faisait le bonheur des provinciaux : à l'heure « des dîners, on ne rencontrait dans les esca- « liers que de braves gens qui, après avoir vu « la dauphine manger sa soupe, allaient voir les « princes manger leur bouilli, et qui couraient « ensuite, à perte d'haleine, pour aller voir « Mesdames manger leur dessert. »

Le plafond, dans l'origine, avait été peint par Coypel le père, et représentait Mars couronné par la Victoire : on y substitua un des deux Paul Véronèse enlevés à Venise ; c'est saint Marc couronnant les Vertus théologales. Cet évangéliste doit être un peu étonné de se trouver au milieu des héroïnes de l'antiquité, que représentent les tableaux des voussures, exécutés en camaïeu rehaussé d'or : Rodogune et Artémise, la reine Zénobie et Ypsicrate, épouse de Mithridate; Harpalice et Clélie traversant le Tibre à la nage.

Louis-Philippe a fait mettre dans cette pièce le grand tableau d'Antoine Dieu, qui représente le mariage du duc de Bourgogne avec Marie-Adélaïde de Savoie; la réception du doge de Gênes, dont nous avons parlé à l'occasion de la salle du trône; et une des belles productions de Gérard, Philippe, duc d'Anjou, déclaré roi d'Espagne dans le cabinet du roi à Versailles.

Quelques portraits reportent l'attention sur Louis XIV : on le retrouve entouré des trois femmes qui ont captivé son cœur, son orgueil et sa conscience; et ce fils si beau de madame de La Vallière, le comte de Vermandois, que les historiens ont voulu faire passer pour le *masque de fer*, et dont la perte arracha de l'âme de sa mère cette si touchante exclamation : « Faut-il « que je pleure sa mort, avant d'avoir achevé de « pleurer sa naissance ! »

SALLE DES GARDES DE LA REINE.

Monicart, dans quelques lignes, que je n'ose pas appeler des vers, a payé à cette salle son tribut d'admiration :

> Tout bon connaisseur curieux,
> Si sur moi dans sa course il attache les yeux,
> Pour voir de mes beautés la douceur et la grâce,
> Trouvera qu'à bon droit on doit me donner place
> Entre les fins morceaux de ces superbes lieux.
> Je suis par mon pavé, riche et bien compassée....
>   Ma corniche et les ornements,
>   Qui sont les accompagnements
>   De ma riche et belle sculpture,
> Sont partout sans épargne enrichis de dorure.

Le plafond représente Jupiter environné des attributs de sa toute-puissance, et dans l'attique on voit Ptolémée, Alexandre, Sévère, Trajan et Solon ; quatre allégories ornent les angles, et une galerie, où figurent plusieurs personnages, règne au pourtour du plafond. Toutes ces peintures sont de Noël Coypel.

On a nouvellement fait placer dans cette salle la famille du grand Dauphin, d'après l'original de Mignard exposé dans le musée royal du Louvre, et la statue de la duchesse de Bourgogne en Diane chasseresse, exécutée par Coysevox.

SALLE DU SACRE.

C'était autrefois la grande salle des gardes; c'est là que se réunissaient les gardes du corps, pour être prêts à tous les services qui pouvaient exiger leur présence : ce qui faisait appeler cette pièce le *magasin des gardes*.

Plus d'un ancien souvenir se rattache à cette grande salle.

Le 13 avril 1771, Louis XV y tint un lit de justice pour installer les magistrats du nouveau parlement Maupeou. « Telle est ma volonté, » s'écria-t-il avec une fermeté qui ne lui était pas ordinaire, « et je ne changerai jamais ! » Paroles qui ne servirent qu'à faire ressortir l'esprit du duc de Nivernois, dans son madrigal à madame Dubarry.

Le 6 août 1787, Louis XVI y tint le lit de justice où le parlement fut exilé à Troyes, et qui fut suivi de cette fameuse séance du 19 novembre, où le duc d'Orléans protesta contre la violence faite à la liberté des suffrages, et où les conseillers Sabatier et Fréteau furent enlevés à main armée.

La cour plénière, vain simulacre établi pour

dépouiller les parlements de leurs prérogatives, sans restituer à la nation aucun de ses droits, et que Loménie avait déterrée dans les chroniques de la seconde race, se réunit dans cette salle, le 8 mai 1788 ; mais elle ne tint pas contre la réprobation générale, et elle fit place dans le même lieu, le 6 novembre de la même année, à l'assemblée des notables, qui fut close le 12 décembre pour être à son tour remplacée par les états généraux qui se rassemblèrent, le 5 mai 1789, dans une grande salle sur l'avenue de Paris.

Enfin, pour ne rien oublier, nous ajouterons que c'était dans cette pièce que, le jeudi saint, le roi faisait la cérémonie de la cène.

Le caractère nouveau imprimé au palais de Versailles devait donner à cette salle une physionomie nouvelle ; on se souvient du mot de Napoléon à David qui venait d'achever ses immenses tableaux *de la distribution des aigles et du couronnement :* « Vos tableaux sont faits, il « faut maintenant que je fasse faire un palais « pour les mettre. » Ce vœu est rempli ; la *salle du Sacre* est le palais promis au grand peintre ; elle en a l'éclat, la grandeur, la majesté. Mais David n'en fait pas seul les honneurs ; ses deux plus illustres élèves y ont été admis avec lui. Quatre figures allégoriques de *Gérard*, tracées avec une vigueur de pinceau admirable, le

Génie, le *Courage*, la *Force*, la *Providence*, ornent les dessus des portes ; et la plus grande page du livre de gloire de Gros, Aboukir, semble transformer en un vaste champ de bataille l'espace immense qu'elle couvre : tout y respire la guerre, et on regarde longtemps ce Murat qui allait au combat en habits de fête comme à un carrousel, et ce vieux mameluk aux yeux de sang, que son fils, si jeune et si beau, environne d'une auréole de tendresse et de pitié.

Tout, dans cette salle, est empreint de la grandeur de la France ; elle apparaît, au plafond, au milieu de plusieurs victoires et foulant aux pieds ses ennemis vaincus; et lorsque les yeux se reportent vers les croisées du jardin, ils rencontrent deux portraits qui, par leur rapprochement, deviennent encore plus fertiles en méditations : ici, c'est Bonaparte avec une épée et une écharpe tricolore, le général Bonaparte jeune, rêveur, impatient de parvenir à la puissance et à la gloire; là, c'est Napoléon avec un sceptre et une couronne; Napoléon empereur des Français ; et Joséphine et Marie-Louise planent au-dessus de sa tête, comme ces génies qui, dans l'antiquité, présidaient à la destinée des grands hommes.

SALLE DE 1792.

Ancienne salle des Cent-Suisses.

Cette pièce, qui a une porte de sortie sur l'escalier des princes, sert de communication entre le corps central du palais et l'aile du sud.

La salle des Cent-Suisses, devenue sous Louis-Philippe la salle de 1792, est une des plus brillantes métamorphoses du palais de Versailles. On y voyait avant la révolution un corps privilégié, une sorte de garde prétorienne uniquement attachée à la personne du roi, des costumes de cour chamarrés d'or et d'argent; on y voit aujourd'hui, sous les plus simples uniformes, ces jeunes volontaires des armées nationales, qui, à l'ombre du drapeau tricolore, ont campé dans toutes les capitales de l'Europe. Tout y respire l'enthousiasme, l'indépendance, la liberté; et à l'aspect de ces couleurs nationales se déployant pour la première fois, et de ces *enfants de Paris* se disputant l'honneur d'aller combattre (1), on croit entendre sous ces voûtes rajeunies retentir ces terribles accents :

> « Allons, enfants de la patrie,
> Le jour de gloire est arrivé! »

A côté des Biron, des Custine, des Luckner, des Rochambeau, des La Fayette, qui déjà occupaient les premiers rangs dans l'armée, vous apercevez sous l'épaulette de laine, ces intrépides soldats qui, depuis, sont *passés* maréchaux, rois, empereurs. Ce sergent au 23º de ligne sera un jour le maréchal-duc que les noms de Burgos et de Toulouse entoureront comme deux auréoles de gloire; ce simple volontaire de la Meuse devra aux souvenirs de Golsberg, de Montereau, de Ligny, de tenir dans ses mains les sceaux de l'honneur; cet aspirant de marine achèvera ce que Duquesne avait essayé, il prendra Alger et délivrera les mers du fléau de la piraterie; ce simple hussard de Sarrelouis se fera un titre de noblesse et de gloire de tous les champs de bataille qu'il aura parcourus : il sera duc d'Elchingen, il sera prince de la Moscowa ! ce chef de bataillon donnera son nom aux grenadiers Oudinot, il ne paraîtra pas dans un

---

(1) Tableau de L. Coignet.

combat sans y laisser de son sang; autour de lui, c'est Marceau, c'est Joubert, tous deux morts si jeunes pour la patrie; c'est Murat sous-lieutenant, Maison simple grenadier, et tant d'autres qui devront à quarante ans de combats une égale illustration. Mais cet officier à l'air réfléchi est appelé à conquérir une autre immortalité; sa parole éloquente défendra les droits du peuple à la tribune, et, le jour de sa mort, la patrie en deuil suivra ses funérailles. Ce lieutenant-colonel, qui fut soldat de Royal-Marine, échangera son bâton de maréchal contre le sceptre de Gustave Wasa; et toutes ces gloires viendront rayonner autour de ce jeune officier d'artillerie, dont le front pâle et soucieux portera un jour la couronne de Charlemagne.

Deux tableaux d'Horace Vernet reproduisent les deux premières batailles où Kellermann et Dumouriez eurent la gloire d'arrêter l'Europe coalisée contre la France.

Le moment choisi dans le tableau de Valmy est celui où Kellermann eut un cheval tué sous lui. L'officier général qu'on voit à sa gauche, est le général Pully, qui commandait les cuirassiers; derrière lui et à pied, le général Senarmont blessé; à droite, un groupe d'officiers généraux où se trouvent le duc de Chartres, le duc de Montpensier, son frère, qui était alors son aide de camp et qui mérita les éloges de Kellermann (1), les généraux Schauenbourg, Lynch et Muratel. C'est la division du duc de Chartres qui entoure le plateau du moulin de Valmy, qu'on voit sur la gauche du tableau. L'armée française fait face vers Châlons et Paris; devant elle sont les batteries prussiennes et les colonnes de l'armée du duc de Brunswick.

Dans le tableau de Jemmapes, le général Dumouriez est sur le premier plan : parmi les officiers qui l'environnent, on remarque le général Macdonald, qui était un de ses aides de camp, le général Belliard, alors officier d'état-major, le duc de Montpensier, et la jeune Fernig dont le courage s'était attaché à la fortune de Dumouriez. On se demande pourquoi le peintre a placé sur un point aussi éloigné le prince qui a contribué à cet important succès. C'est que le tableau de la bataille où se signala le duc de Chartres a été commandé par le duc d'Orléans.

> O Jemmape! ô Valmy! champs sacrés pour la France,
> Vous fûtes le tombeau d'une folle espérance;

---

(1) Du quartier général de Dampierre-sur-Auve, le 21 septembre 1792. « Embarrassé du choix, je ne citerai, parmi ceux qui ont montré un grand courage, que M. Chartres et son aide de camp M. Montpensier. »

(Moniteur du 22 septembre 1792.)

Vous fûtes le berceau de nos premiers succès.
La jeune liberté souriant aux Français,
Guidait leurs escadrons sous les traits de la gloire,
Et par ses trois couleurs séduisait la victoire;
Elle t'a vu (1) parmi ses plus nobles amants,
Fidèle à ton pays, fidèle à tes serments,
De nos jeunes soldats seconder le courage....
Et Brunswick en fuyant remporta l'esclavage.

(1) Extrait d'une Épitre au duc d'Orléans. (1823.)

PORTRAITS.

BONAPARTE (Napoléon). Lieutenant-colonel au 1er bataillon de la Corse en 1792.
NAPOLÉON Ier. Empereur des Français en 1804.
CUSTINE (Adam-Philippe, comte de). Lieutenant général en 1791, général en chef de l'armée du Rhin en 1792, de la Moselle, du Nord et des Ardennes, en 1793.
MONTESQUIOU (Anne-Pierre, marquis de). Lieutenant général en 1791, général en chef de l'armée du Midi en 1792.
BEURNONVILLE (Pierre de Riel, marquis de). Lieutenant général en 1792, général en chef de l'armée de la Moselle en 1792, maréchal de France en 1816.
BEAUHARNAIS (Alexandre-François-Marie, vicomte de). Maréchal de camp chef d'état-major en 1792, général en chef de l'armée du Rhin en 1793.
VALENCE (Marie-Adélaïde Cyrus, comte de). Lieutenant général en 1792, général en chef de l'armée des Ardennes en 1792.
BIRON (Armand-Louis de Gontaut, duc de). Lieutenant général en 1792, général en chef de l'armée du Rhin en 1792.
LUCKNER (Nicolas, baron de). Maréchal de France en 1791, général en chef des

armées du Rhin et du Nord en 1792.

ROCHAMBEAU (Jean-Baptiste-Donatien de Vimeur, comte de). Maréchal de France en 1791, général en chef de l'armée du Nord en 1792.

LAFAYETTE (Marie-Paul-Joseph-Yves-Gilbert Mottier, marquis de). Général commandant en chef de l'armée du Centre en 1791, général en chef des gardes nationales de France en 1830.

DUMOURIEZ (Charles-François). Lieutenant général en 1792, général en chef de l'armée du Nord en 1792.

KELLERMANN (François-Christophe). Général en chef de l'armée de la Moselle en 1792.

KELLERMANN (F.-C.), duc de Valmy. Maréchal de France en 1804.

CHARTRES (Louis-Philippe d'Orléans, duc de). Lieutenant général en 1792.

LOUIS-PHILIPPE 1er. Roi des Français en 1830.

WIMPFEN (Georges-Félix, baron de). Lieutenant général, commandant de Thionville en 1792.

DILLON (Arthur, comte de). Lieutenant général, commandant en chef de l'armée du Nord en 1792.

CRASSIER (Jean-Étienne Desprez de). Lieutenant général en 1792, général en chef de l'armée des Pyrénées-Occidentales en 1798.

ORLÉANS (Antoine-Philippe d'), duc de Montpensier. Lieutenant-colonel adjudant général en 1792.

BEAUREPAIRE (Nicolas). Lieutenant-colonel au 1er bataillon de Maine-et-Loire, commandant de Verdun en 1792.

MIRANDA (François). Lieutenant général, commandant en chef l'armée du Nord en 1792.

DAMPIERRE (Auguste-Marie-Henri Picot, comte de). Maréchal de camp en 1792, général en chef de l'armée du Nord en 1793.

BELLIARD (Augustin-Daniel). Capitaine au 1er bataillon de la Vendée en 1792.

BELLIARD (A.-D., comte). Général de division en 1800, colonel général des cuirassiers en 1812.

LECOURBE (Claude-Joseph). Lieutenant-colonel au 7e bataillon du Jura en 1792, général de division en 1799.

RICHEPANSE (Antoine). Lieutenant au 1er de chasseurs à cheval en 1792, général de division en 1799.

HATRY (Jacques-Maurice). Chef de bataillon au 77e de ligne en 1792, général de division en 1793.

DUBAYET (Aubert). Général de brigade en 1792.

MARCEAU (Joseph-Maurice). Volontaire au 1er bataillon d'Eure-et-Loir en 1792, général de division, commandant en chef l'armée de l'Ouest en 1793.

PÉDOUVILLE (Gabriel-Marie-Théodore-Joseph, comte d'). Capitaine au 6e de chasseurs à cheval en 1792, général en chef de l'armée des Côtes de l'Ouest en 1797.

SERRURIER (Jean-Mathieu-Philibert). Lieutenant-colonel au 68e de ligne en 1792.

SERRURIER (J.-M.-P., comte). Maréchal de France en 1804.

PÉRIGNON (Dominique-Catherine). Lieutenant-colonel, légion des Pyrénées, en 1792.

PÉRIGNON (D.-C., marquis de). Maréchal de France en 1804.

CLAUSEL (Bertrand). Capitaine au 43e de ligne en 1792.

CLAUSEL (B., comte). Maréchal de France en 1831.

LAURISTON (Jacques-Alexandre-Bernard Law de). Capitaine au 8e d'artillerie en 1792.

LAURISTON (J.-A.-B. Law, marquis de). Maréchal de

CORPS CENTRAL. 189

France en 1823.
GROUCHY (Emmanuel, marquis de). Colonel du 2ᵉ dragons en 1792, colonel général des chasseurs en 1809, maréchal de France en 1831.
TRUGUET (Laurent-Jean-François). Capitaine de vaisseau en 1792.
TRUGUET (L.-J.-F., comte). Amiral en 1831.
VICTOR (Claude-Perrin). Lieutenant-colonel du 5ᵉ bataillon des Bouches-du-Rhône en 1792.
VICTOR (C.-P.), duc de Bellune. Maréchal de France en 1807.
PICHEGRU (Jean-Claude). Adjudant au 2ᵉ régiment d'artillerie en 1792, général en chef de l'armée du Rhin en 1793, du Nord en 1794, et de Rhin-et-Moselle en 1795.
BRUNE (Guillaume-Marie-Anne). Capitaine-adjoint aux adjudants généraux en 1792.
BRUNE (G.-M.-A., comte). Maréchal de France en 1804.

BESSIÈRES (Jean-Baptiste). Adjudant, légion des Pyrénées, en 1792.
BESSIÈRES (J.-B.), duc d'Istrie. Maréchal de France en 1804.
LANNES (Jean). Sous-lieutenant au 2ᵉ bataillon du Gers en 1792.
LANNES (J.), duc de Montebello. Maréchal de France en 1804.
AUGEREAU (Pierre-Franç.-Charles). Adjudant-major, légion germanique, en 1792.
AUGEREAU (P.-F.-C.), duc de Castiglione. Maréchal de France en 1804.
BERTHIER (Louis-Alexandre). Maréchal de camp, chef d'état-major en 1792.
BERTHIER (L.-A.), prince de Neuchâtel et de Wagram. Maréchal de France en 1804.
DAVOUST (Louis-Nicolas). Lieutenant-colonel du 3ᵉ bataillon de l'Yonne en 1792.
DAVOUST (L.-N.), duc d'Auerstaëdt, prince d'Eck-

6.

muhll. Maréchal de France en 1804.

MOLITOR (Gabriel-Jean-Joseph). Capitaine au 4e bataillon de la Moselle en 1792.

MOLITOR (G.-J.-J.). Maréchal de France en 1823.

MASSÉNA (André). Lieutenant-colonel au 2e bataillon du Var en 1792.

MASSÉNA (A., duc de) Rivoli, prince d'Essling. Maréchal de France en 1804.

DUPERRÉ (Victor-Guy). Matelot en 1792.

DUPERRÉ (V.-G., baron). Amiral en 1830.

OUDINOT (Nicolas-Charles). Lieutenant-colonel au 3e bataillon de la Meuse en 1792.

OUDINOT (N.-C.), duc de Reggio. Maréchal de France en 1804.

SUCHET (Louis-Gabriel). Lieutenant-colonel au 4e bataillon de l'Ardèche en 1792.

SUCHET (L.-G.), duc d'Albuféra. Maréchal de France en 1811.

GOUVION - SAINT - CYR (Laurent). Capitaine au 1er bataillon de chasseurs de Paris en 1792.

GOUVION - SAINT - CYR (L., marquis de). Maréchal de France en 1812.

LEFEBVRE (François-Joseph). Capitaine au 13e bataillon d'infanterie légère en 1792.

LEFEBVRE (F.-J.), duc de Dantzick. Maréchal de France en 1804.

HOUCHARD (Jean-Nicolas). Général de brigade en 1792, général en chef des armées de la Moselle, du Nord et des Ardennes en 1793.

BERNADOTTE (Jean-Baptiste-Charles). Lieutenant au 36e régiment de ligne en 1792.

BERNADOTTE (J.-B.-C.), prince de Pontecorvo. Maréchal de France en 1804.

CHARLES-JEAN XIV. Roi de Suède et de Norwége en 1818.

GÉRARD (Étienne-Maurice). Volontaire au 2e bataillon de la Meuse en 1792.

CORPS CENTRAL. 191

GÉRARD (É.-M., comte). Maréchal de France en 1830.

HOCHE (Louis-Lazare). Capitaine au 58e de ligne en 1792, général en chef de l'armée de la Moselle en 1793, et de l'armée de l'Ouest en 1796.

MONCEY (Bon-Adrien-Jannot de). Capitaine au 7e de ligne en 1792.

MONCEY (B.-A.-J. de), duc de Conégliano. Maréchal de France en 1804.

JOURDAN (Jean-Baptiste). Lieutenant-colonel au 2e bataillon de la Haute-Vienne en 1792.

JOURDAN (J.-B., comte). Maréchal de France en 1804.

MACDONALD (Étienne-Jacques - Joseph - Alexandre). Capitaine, aide de camp du général Bournonville en 1792.

MACDONALD (É.-J.-J.-A.), duc de Tarente. Maréchal de France en 1809.

MAISON (Nicolas-Joseph). Grenadier au 1er bataillon de Paris en 1792.

MAISON (N.-J., marquis). Maréchal de France en 1829.

MURAT (Joachim). Sous-lieutenant au 12e de chasseurs en 1792, maréchal de de France, grand-duc de Clèves et de Berg en 1804.

JOACHIM - NAPOLÉON. Roi de Naples en 1808.

SOULT (Jean-de-Dieu). Sergent au 23e de ligne en 1792.

SOULT (J.-d.-D.), duc de Dalmatie. Maréchal de France en 1804.

MOUTON (Georges). Capitaine au 9e bataillon de la Meurthe en 1792.

MOUTON (G.), comte de Lobau. Maréchal de France en 1831.

MORTIER (Édouard-Adolphe-Casimir-Joseph). Capitaine au 1er bataillon du Nord en 1792.

MORTIER (É.-A.-C.-J.), duc de Trévise. Maréchal de France en 1804.

NEY (Michel). Sous-lieutenant au 4ᵉ de hussards en 1792.

NEY (M.), duc d'Elchingen, prince de la Moskowa. Maréchal de France en 1804.

KLÉBER (Jean-Baptiste). Lieutenant-colonel au 4ᵉ bataillon du Haut-Rhin en 1792; d'abord volontaire, puis adjudant-major, et adjudant général.

CARNOT (Lazare-Nicolas-Marguerite). Capitaine du génie en 1792, général de division en 1814.

CHAMPIONNET (Jean-Étienne). Lieutenant-colonel au 6ᵉ bataillon de la Drôme en 1792, général de division en 1794, général en chef de l'armée de Naples en 1798.

REYNIER (Jean-Louis-Ebnezer). Canonnier dans le bataillon du Théâtre-Français en 1792, général de division en 1796.

DESAIX DE VEIGOUX (Louis-Charles-Antoine). Capitaine au 46ᵉ de ligne en 1792, général de division en 1794.

DUGOMMIER (Jean-François Coquille). Maréchal de camp d'état-major en 1792, général de division, commandant en chef l'armée des Pyrénées-Orientales en 1793.

JOUBERT (Barthélemy-Catherine). Sous-lieutenant au 51ᵉ de ligne en 1792, général de division en 1796, général en chef de l'armée d'Italie en 1798.

JUNOT (Andoche). Sergent de grenadiers au 2ᵉ bataillon de la Côte-d'Or en 1792.

JUNOT (A.), duc d'Abrantès. Général de division en 1801, colonel général des hussards en 1806.

LEVASSOR DE LA TOUCHE TRÉVILLE (Louis-René). Contre-amiral en 1792, vice-amiral en 1803.

MARMONT (Auguste-Frédéric-Louis Viesse de). Lieutenant d'état-major d'artillerie en 1792.

MARMONT (A.-F.-L. Viesse de), duc de Raguse. Maréchal de France en 1809.

MOREAU (Jean-Victor). Lieutenant-colonel au 1ᵉʳ bataillon d'Ille-et-Vilaine en 1792, général de division en 1794, général en chef de l'armée du Nord en 1796.

FOY (Maximilien-Sébastien). Lieutenant d'artillerie en 1792.

FOY (M.-S., comte). Général de division en 1810.

SALLES DES GOUACHES.

Au bout du premier étage du vieux château, dans l'aile qui sépare la cour Royale de la cour des Princes, ces huit salles, qui formaient autrefois l'appartement du cardinal de Fleury, furent données plus tard au duc de Penthièvre, ce prince si estimé du peuple, si agréable à la cour, et qui termina dans son château de Bizy, près Vernon, une carrière toute de vertus et de bienfaits.

Dans la première de ces salles, on voit le croquis au crayon des personnages les plus marquants de l'expédition d'Égypte; ils ont été dessinés sur les lieux, dans leurs costumes et tournures d'alors, par M. ***, officier dans l'armée de Bonaparte; ce qui donne à ces ébauches imparfaites un caractère de vérité qui les rend très-curieuses. A côté de Kléber, Rampon, Lanusse, Dugua, Lagrange, Davoust, Damas (1),

---

(1) Damas, surnommé Damas-Queue, parce qu'il ne voulut jamais faire couper ses cheveux; c'est lui qui commandait le régiment des *Dromadaires* en Égypte.

Regnier, Vial, Leclercq, on aperçoit Fourier, membre de l'Institut : ce qui rappelle le double caractère de cette campagne fabuleuse, qui mêla la gloire du nom français aux souvenirs guerriers de Sésostris, et qui enrichit nos trésors scientifiques des tributs de la terre des Ptolémées.

Les autres salles ont été consacrées à recevoir l'admirable collection des gouaches, dues pour la plus grande partie au talent de Bagetti, officier de l'armée d'Italie, et continuées par Morel, Puissant et Siméon Fort. Elles sont au nombre de plus de trois cents, et comprennent toutes nos campagnes, depuis 1795 jusqu'en 1809. Elles offrent, dans tous leurs détails et dans toutes leurs ramifications, comme vues, plans de batailles, prises de villes, attaques, passages de rivières, les grandes expéditions militaires dont nous donnerons l'aperçu historique dans la galerie Napoléon et dans la galerie des Batailles.

SALLES DES CAMPAGNES DE 1793, 94, 95.

Ces quatre salles faisaient partie du vieux château; elles étaient comprises dans l'emplacement de la chapelle de Louis XIII. Après la translation de cette chapelle au lieu qui devint plus tard le salon d'Hercule, on convertit en appartement la place qu'elle occupait sous Louis XV. Cet appartement était habité par Louis de Bourbon, comte de Clermont, prince brave qui se distingua à la bataille de Dettinghen, et qui, battu à Crevelt en 1758, pour avoir suivi, par ordre de la cour, les plans de M. de Mortagne, lui dit après la bataille : « Parbleu, monsieur, j'en aurais bien fait au- « tant tout seul. » Sous Louis XVI, ce même appartement fut occupé par le maréchal de Duras, premier gentilhomme de la chambre.

Les batailles qu'on y voit aujourd'hui nous reportent au temps où la république française mit sur pied quatorze armées pour défendre son indépendance. L'élan de 1792 avait étonné l'Europe; la sanglante énergie de 93 la souleva tout entière. La Convention proclama *la patrie en danger*, et les volontaires en foule se pressèrent sous le drapeau national. Un million deux cent mille hommes couvraient la frontière ou remplissaient nos places; au nord 250 mille; 40 mille dans les Ardennes; 120 mille sur le Rhin et la Moselle; 100 mille aux Alpes; 120 mille aux Pyrénées, et 80 mille depuis Cherbourg jusqu'à la Rochelle.

La prise d'Anvers et de Mayence, de Bréda et de Menin, avait déjà prouvé ce que peuvent des soldats mal vêtus, mal équipés, mais brûlants de patriotisme; Houchard à Hondschoot, Jourdan à Watignies, Dugommier à Peyrestortes, avaient voilé sous des lauriers les plaies de 93, lorsque s'ouvrit la campagne de 1794. Tandis que, sur les Alpes, Masséna repousse les Piémontais par delà le col de Tende, Souham et Moreau remportent la victoire de Turcoing; le triomphe libérateur de Fleurus fait reculer Cobourg et trembler l'Europe; Kléber, à Aldenhoven, passe la Roër à la nage, et Maëstricht ouvre ses portes à notre armée. L'année 1795 commence par la conquête de la Hollande, et nous retrouve vainqueurs sur le Rhin, sur la Meuse, aux Alpes, aux Pyrénées. Les hommes de 1792 ont grandi; de héros ils sont devenus grands capitaines; Jourdan, Hoche, Pichegru, Moreau, Kléber, Marceau, Saint-Cyr, Desaix, Championnet, Lefebvre, Augereau, Bernadotte, Masséna, soutiennent partout l'éclat de nos armes; partout la république française fait respecter son nom et son territoire; la bataille de Loano, gagnée par Schérer, ouvre le chemin de l'Italie, et le siége de Toulon apparaît, en 1795, comme le premier rayon de la gloire qui, sous Bonaparte, va immortaliser l'armée d'Arcole et de Lodi.

APPARTEMENTS.

REZ-DE-CHAUSSÉE.

SALLE DES AMIRAUX DE FRANCE.

Au bas de l'escalier de marbre, après avoir traversé les vestibules où se trouvent les statues de Descartes, du Poussin, du grand Corneille et de Voltaire dans sa vieillesse, on entre dans la salle où sont rassemblés les portraits de tous les amiraux de France, au nombre de soixante-trois, depuis l'année 1270 jusqu'en 1814.

Cette pièce, ainsi que *la salle des Connétables* qui suit, et *les premières salles des Maréchaux*, jusqu'au bout de l'aile (1), formaient l'appartement occupé par le grand Dauphin, fils de

---

(1) Les premières salles en retour sur le jardin, vers le vestibule, étaient d'abord, sous Louis XIV, un salon d'exposition pour des objets d'art et de curiosité.

Louis XIV, jusqu'en 1711, époque de sa mort (1). Ce prince aimait le séjour de Versailles, dont les bois favorisaient sa passion pour la chasse.

Il lui arriva une aventure qu'on sera peut-être bien aise de retrouver ici. Ce prince avait fait une partie de chasse au loup, qui l'entraîna à dix ou douze lieues de Versailles. Il s'égara dans un bois, seul avec le grand prieur. La nuit les ayant surpris, ils résolurent de la passer à la première maison qu'ils rencontreraient. Le sort voulut que ce fût une église, avec une maisonnette d'un curé de village. Ils frappent à la porte. Le prêtre ouvre, croyant qu'on venait l'appeler pour quelque malade. Il fut étonné de voir deux personnes à cheval lui demandant asile pour la nuit : et cependant il leur donna l'hospitalité. La faim les tourmentait ; le curé mit à la broche un gigot de mouton. Les hôtes demandèrent du vin :

---

(1) « Le roi descendait chez Monseigneur par un petit degré noir, étroit et difficile, qui, du fond de l'antichambre qui joignait sa chambre, descendait tout droit dans ce qu'on appelait *le caveau*, qui était un cabinet assez obscur sur la petite cour, avec une porte dans la ruelle du lit de Monseigneur, et une autre qui entrait dans son premier grand cabinet, sur le jardin. Ce caveau avait un lit dans une alcôve où il couchait souvent l'hiver ; mais comme c'était un fort petit lieu, il s'habillait et se déshabillait toujours dans sa chambre. »

il n'y en avait pas au logis. Le curé va en chercher au village voisin, et le grand prieur se met à tourner la broche. « Et nos chevaux, dit le dauphin; il faudrait chercher un peu de foin ou de paille au grenier pour donner à ces pauvres bêtes. — Mais, lui dit le grand prieur, je ne puis pas faire tout à la fois les fonctions de palefrenier et de cuisinier : choisissez, Monseigneur. » Comme le prince avait ses grosses bottes, il aima mieux se mettre à la place du grand prieur, et celui-ci monta au grenier. Dans l'intervalle, le curé arriva avec des provisions. Le souper, assaisonné par l'appétit, parut délicieux. Le bon prêtre, qui n'avait pour tout ornement de chambre qu'un lit, le leur céda, et alla coucher au prochain village, chez un paysan de ses amis. A la pointe du jour, la suite de Monseigneur, qui le cherchait partout, étant venue près de cette maison, donna du cor. Le dauphin fut bientôt levé; il remonta à cheval et regagna Versailles. Quelque temps après leur départ survint le curé avec quelques bouteilles de vin pour le déjeuner de ses hôtes; mais, voyant les portes ouvertes, et ne trouvant plus personne, il crut avoir logé des voleurs.

Cependant le dauphin, ayant raconté son aventure à son père, le roi fit dire au curé de venir lui parler. « Je suis étonné, dit Louis XIV,

« qu'étant pasteur, honoré par votre piété, vous
« donniez retraite la nuit à des larrons. » Le
curé protesta qu'il ne les connaissait pas lorsqu'il les avait accueillis. « Mais les reconnaîtriez-
« vous bien maintenant, si vous les voyiez? »
Il répondit qu'il croyait qu'oui. Le roi donna
ordre tout bas d'appeler Monseigneur et le
grand prieur; et comme ce dernier vint le premier, le curé l'apercevant se mit à crier : « Sire,
« en voilà un; » et le dauphin venant ensuite :
« Sire, voilà l'autre ! » Le roi lui dit : « Je vous
« ferai bonne justice, ne vous mettez pas en
« peine. » Mais comme le curé vit que toute la
cour portait un grand respect à Monseigneur,
il revint à lui, et se doutant de sa méprise, il
lui demanda pardon de l'avoir pris pour un voleur. Le roi lui fit donner une pension de cinq
cents écus par an, pour passer la vie à son aise,
et se ressouvenir qu'il avait logé le dauphin de
France. « Allez, ajouta-t-il, logez toujours dans
« votre maison de tels larrons, et ressouvenez-
« vous de moi dans vos prières. » On peut croire
que le curé ne regretta pas son gigot de mouton.

Après la mort de ce prince, le roi donna, en
1712, cet appartement au duc de Berri, son
petit-fils, et à la duchesse de Berri, fille de ce
prince aimable et brave, qui, de la même main
qui avait porté à Lérida une épée victorieuse, ne

dédaigna pas d'esquisser les dessins de Daphnis et Chloé.

Sous Louis XV, son fils Louis, le dauphin, père de Louis XVI, de Louis XVIII et de Charles X, habita le rez-de-chaussée avec la dauphine Marie-Josèphe de Saxe, princesse d'une piété angélique et d'une affection sans bornes pour son mari.

Louis XVI, quand il était dauphin, habita cet appartement jusqu'au moment où, étant monté sur le trône, il le céda à son frère, le comte de Provence (depuis Louis XVIII), qui, à son tour, fut obligé de le donner aux Enfants de France en 1788, comme nous le raconterons plus loin, à propos des *extraordinaires de Monsieur*.

On remarque avec plaisir, entre les deux croisées, un grand tableau de Paul Guérin, représentant Anne d'Autriche, avec les attributs de la régence, et entourée des deux princes ses fils encore enfants. On sait que cette princesse s'était réservé la charge d'Amiral de France, devenue vacante à la mort du cardinal de Richelieu.

La collection des portraits des amiraux de France vient du duc de Penthièvre, dont le père, le comte de Toulouse, fut amiral de France, et défit les Anglais à la bataille navale de Malaga.

AMIRAUX.

FLORENT DE VARENNES.
ENGUERRAND DE COUCY.
MONTMORENCY (Mathieu, ive du nom, seigneur de).
HARCOURT (Jean, iie du nom, sire d').
OTHON DE TOCY.
BENOIST-ZACHARIE.
RAINIER DE GRIMAUT ou GRIMALDI (iie du nom).
CHEPOY (Thibaut, sire de), ou CEPOY.
BERENGER-BLANC.
TRISTAN (Gentien).
MIÈGE (Pierre).
CHEPOY (Jean, iie du nom, seigneur de).
QUIERET (Hugues, seigneur de).
DORIA (Aithon).
BEUCHET ou BÉHUCHET (Nicolas).
D'ESPAGNE (Louis de la Cerda).
FLOTTE (Pierre), Floton de Revel.
NANTEUIL (frère Jean de), de l'ordre de Saint-Jean de Jérusalem.
QUIERET (Enguerrand), seigneur de Fransu.
MENTENAY (Enguerrand de).
DE LA HEUSE (Jean), dit le Baudran.
PÉRILLEUX (François de), vicomte de Rodde.
NARBONNE (Aimery X ou Amaury, vicomte de).
VIENNE (Jean de), seigneur de Rollans.

DE TRIE (Renaud), seigneur de Serifontaine.

DE BRÉBAN (Pierre), dit *Clignet*.

DAMPIERRE (Jacques de Châtillon, 1er du nom, sire de).

BRAQUEMONT (Robert de), dit Robinet.

DE POIX (Jeannet).

RECOURT (Charles de), dit de Les.

DE BEAUVOIR (Georges) **DE CHASTELLUS.**

CULANT (Louis, seigneur de).

LOHEAC (André de Laval, seigneur de), et de Rais.

COËTIVY (Prégent, seigneur de), VIIe du nom.

BUEIL (Jean, V^e du nom, sire de).

MONTAUBAN (Jean, sire de).

BOURBON (Louis, bâtard de), comte de Roussillon.

GRAVILLE (Louis Malet, sire de).

AMBOISE (Charles d'), IIe du nom, seigneur de Chaumont.

BONNIVET (Guillaume Gouffier, seigneur de).

CHABOT (Philippe), comte de Charny, et de Buzançois.

ANNEBAUT (Claude d'), baron de Retz et de le Hunaudaye.

COLIGNY (Gaspard de), IIe du nom, comte de Coligny, seigneur de Châtillon, etc.

VILLARS (Honorat de Savoye, marquis de), comte de Teade et de Sommerive.

MAYENNE (Charles de Lorraine, duc de).

JOYEUSE (Anne, duc de).

ÉPERNON (Jean-Louis de Nogaret de la Valette, duc d').

NANGIS (Antoine de Brichanteau, marquis de).

LAVALETTE (Bernard de Nogaret, seigneur de).

BIRON (Charles de Gontaut, duc de).

VILLARS (André-Baptiste de Brancas, seigneur de).

DAMVILLE (Charles de Montmorency, duc de).

MONTMORENCY (Henri, IIe du nom, duc de) et de Damville.

6..

RICHELIEU (Armand-Jean du Plessis, cardinal, duc de) et de Fronsac.

ANNE D'AUTRICHE (Marie-Maurice), infante d'Espagne, reine de France.

MAILLÉ (Armand de), duc de Brézé.

VENDOME (César, duc de), Beaufort, d'Étampes, de Mercœur, etc.

BEAUFORT (François de Vendôme, duc de).

VERMANDOIS (Louis de Bourbon, comte de).

TOULOUSE (Louis-Alexandre de Bourbon, comte de).

PENTHIÈVRE (Louis-Jean-Marie de Bourbon, duc de).

MURAT (Joachim, prince), grand-duc de Clèves et de Berg.

ANGOULÊME (Louis-Ant. d'Artois, duc d').

SALLE DES CONNÉTABLES.

Cette pièce, comme nous l'avons dit, dépendait de l'appartement du dauphin. La collection des Connétables qu'elle renferme est complète; il y a eu trente-neuf connétables depuis Albéric (1060) jusqu'à Lesdiguières (1622).

CONNÉTABLES.

ALBÉRIC DE MONTMORENCY,
THIBAUT, 1er du nom, seigneur de Montmorency.
ADELELME ou **ALEAUME**.
DREUX.
GASTON DE CHAUMONT.
HUGUES.
GUY.
HUGUES DE CHAUMONT, dit *le Borgne*.
MONTMORENCY (Mathieu, 1er du nom, seigneur de).
RAOUL, 1er du nom, comte de Clermont en Beauvoisis.
DE MELLO (Dreux), IVe du nom.
MONTMORENCY (Mathieu II, le Grand, seigneur de), d'Écouen, de Conflans-Ste.-Honorine, d'Attichy, etc.
MONTFORT (Amaury, IVe du nom, comte de).
TRASIGNIES (Gille, dit *le Brun*, seigneur de).
BEAUJEU (Humbert de), sire de Montpensier.
NESLE (Raoul de Cler-

mont, IIe du nom, seigneur de).
CHATILLON (Gaucher de).
EU (Raoul de Brienne, Ier du nom).
GUINES (Raoul de Brienne, IIe du nom, comte d'Eu et de).
ESPAGNE (Charles de Castille, dit d'), comte d'Angoulême, etc.
MARCHE (Jacques de Bourbon, Ier du nom, comte de la).
ATHÈNES (Gauthier de Brienne, duc d').
FIENNES (Robert, seigneur de), dit *Moreau*.
DU GUESCLIN (Bertrand), duc de Molina et de Transtamare en Castille, etc.
CLISSON (Olivier, IVe du nom, sire de).
EU (Philippe d'Artois, comte d').
SANCERRE (Louis de Champagne, comte de).
ALBRET (Charles, Ier du nom, sire d'), comte de Dreux.
SAINT-POL (Walereau de Luxembourg, IIIe du nom, comte de).
ARMAGNAC (Bernard, VIIe du nom, comte d').
BUCHAN (Jean Stewart, comte de).
RICHEMONT (Arthus de Bretagne, comte de).
SAINT-POL (Louis de Luxembourg, comte de).
BOURBON (Jean, IIe du nom, duc de).
BOURBON (Charles III, duc de).
MONTMORENCY (Anne, duc de), premier baron chrétien.
MONTMORENCY (Henri, Ier du nom, duc de).
LUYNES (Charles d'Albert, duc de).
LESDIGUIÈRES (François de Bonne, duc de).

SALLE DES MARÉCHAUX.

Il y a eu jusqu'aujourd'hui deux cent quatre-vingt-dix-neuf maréchaux de France. Le roi Louis-Philippe leur a consacré quatorze salles, interrompues, au milieu de la façade de l'ouest, par la galerie dite de Louis XIII. C'est à grands frais, c'est en faisant disparaître des dispositions intérieures qui ne pouvaient s'accorder avec la dignité de leur destination nouvelle, que l'on a donné à ces belles pièces, dégagées d'entre-sols et de cabinets, toute la grandeur dont elles avaient besoin. Il n'était malheureusement pas possible d'avoir de tous les maréchaux un portrait authentique. On a suppléé les absents par un écusson de même grandeur que les maréchaux en buste, où sont inscrits leurs noms, leurs titres, l'époque de leur promotion, l'année de leur mort; et chacun de ces écussons a pris, dans la collection générale, le rang chronologique qui lui appartenait, de sorte que l'œil peut suivre sans interruption toute la brillante série des maréchaux de France, depuis le premier créé en 1185 jusqu'à nos jours.

6...

Le roi a fait réunir dans les mêmes pièces un grand nombre de portraits en pied de maréchaux, qui sont également rangés par ordre chronologique, et qui rehaussent l'éclat de la collection générale des maréchaux en buste.

Les sept premières salles contiennent cent quarante-deux portraits, depuis Pierre Ier, en 1185, jusqu'au duc Antoine d'Aumont.

MARÉCHAUX.

PIERRE.
CLÉMENT (Albéric).
BOURNEL (Guillaume), surnommé en latin *Burgonelli*.
ARRAS (Névelon d').
CLÉMENT (Henri), 1er du nom.
CLÉMENT (Jean).
CHALLERANGES (Ferry Pasti, seigneur de).
BEAUMONT (Jean de).
NEMOURS (Gautier, IIIe du nom, seigneur de).
ARGENTAN (Henri-Clément d'), IIe du nom, seigneur de.
BEAUJEU (Héric de), seigneur d'Hermenc.
PRESSIGNY (Renaud de).
ESTRÉES (Raoul d').
SAINT-MAARD (Lancelot de).
VERNEUIL (Ferry de).
CRESPIN (Guillaume), V[e] du nom.
HARCOURT (Jean, IIe du nom, sire de), chevalier.
LE FLAMENC (Raoul), V[e] du nom; seigneur de Cany.
VARENNES (Jean de).
MELUN (Simon de), seigneur de la Loops.

NESLE (Guy de Clermont, Ier du nom, dit de).
MERLE (Foucaud, dit *Foulques*, seigneur de).
NOYERS (Mises, VIe du nom, seigneur de).
GREZ (Jean de Corbeil, dit de), chevalier, seigneur de Jalemain.
BEAUMONT (Jean de), dit le *Déramé*.
TRIE (Mathieu de).
BARRES (Jean des), chevalier.
MOREUIL (Bernard, IIe du nom, seigneur de).
BRIQUEBEC (Robert-Bertrand, VIIe du nom, baron de).
MONTMORENCY (Charles de).
SAINT-VENANT (Robert de Waurin, sire de).
BEAUJEU (Édouard, sire de).
OFFEMONT (Guy de Neelle, IIe du nom, seigneur d').
AUDENEHAM (Arnould, sire d'), ou d'Andrehan, chevalier.
HANGEST (Rogues, seigneur de).
CLERMONT (Jean de), seigneur de Chantilly, etc.
BOUCICAULT (Jean le Meingre, dit), Ier du nom.
BLAINVILLE (Jean de Mauquenchy, IIe du nom, dit *Mouton*, sire de).
SANCERRE (Louis de Champagne, comte de).
BOUCICAULT (Jean le Meingre, IIe du nom, dit).
RIEUX (Jean, IIe du nom, sire de) et de Rochefort, etc.
ROCHEFORT (Pierre de Rieux, dit de).
BEAUVOIR (Claude de).
ILE-ADAM (Jean de Villiers, seigneur de).
MONTBERON (Jacques, sire de).
LAFAYETTE (Gilbert-Motier, IIIe du nom, seigneur de).
VERGY (Antoine de).
BEAUME (Jean de la), Ier du nom, comte de Montrevel.
SEVERAC (Amaury, baron de).
BOUSSAC (Jean de Brosse, Ier du nom).

RAIZ (Gilles de Laval, seigneur de).
LOHÉAC (André de Montfort de Laval, seigneur de).
JALOIGNES (Philippe de Culant, seigneur de).
XAINTRAILLES (Jean, dit *Poton*, seigneur de).
COMMINGES (Jean, *bâtard* d'Armagnac, surnommé *de Lescun*, comte de).
GAMACHES (Joachim Rouault, seigneur de).
BORZELLE (Wolfart de).
GIÉ (Pierre de Rohan, chevalier, seigneur de).
DESQUERDES (Philippe de Crevecœur, seigneur de).
BAUDRICOURT (Jean, seigneur de).
TRIVULCE (Jean-Jacques).
CHAUMONT (Charles d'Amboise, IIe du nom, seigneur de).
LAUTREC (Odet).
AUBIGNY (Robert Stewart, seigneur d').
CHABANNES (Jacques de), IIe du nom, seigneur de la Palice.
CHATILLON (Gaspard de Coligny, Ier du nom, seigneur de).
LESCUN (Thomas de Foix, seigneur de).
MONTMORENCY (Anne, duc de).
LAMARCK (Robert de), IIIe du nom, duc de Bouillon, de Sedan.
TRIVULCE (Théodore); comte de Cauria.
MONTÉJAN (René, seig. de).
ANNEBAUT (Claude d').
BIEZ (Oudart, seigneur du).
MONTPEZAT (Antoine de Lettes dit *Des Prez*, seigneur de).
MELPHES (Jean Caraccioli, prince de).
SAINT-ANDRÉ (Jacques d'Albon, marquis de Fronsac, seigneur de).
BOUILLON (Robert de la Marck, IVe du nom, duc de).
BRISSAC (Charles de Cossé, Ier du nom, comte de).
STROZZI (Pierre de).
THERMES (Paul de la Barthe, seigneur de).
MONTMORENCY (François, duc de).

CORPS CENTRAL.   213

VIEILLEVILLE (François de Scepaux, seigneur de).
BOURDILLON (Imbert de la Platière, seigneur de).
MONTMORENCY (Henri, Ier du nom, duc de).
COSSÉ (Arthur de), comte de Secondigny.
TAVANNES (Gaspard de Saulx, seigneur de).
VILLARS (Honorat de Savoie, marquis de).
RETZ (Albert de Gondy, comte, puis duc de).
BELLEGARDE (Roger de Saint-Lary, seigneur de).
MONTLUC (Blaise de Montesquiou-Lasseran-Massencôme, seigneur de).
BIRON (Armand de Gontaut, baron de).
MATIGNON (Jacques, IIe du nom, sire de).
AUMONT (Jean d'), VIe du nom.
JOYEUSE (Guillaume, IIe de nom, vicomte de).
BOUILLON (duc de).
BIRON (Charles de Gontaut, duc de).
LA CHATRE (Claude de), IIe de nom.
BRISSAC (Charles de Cossé, IIe du nom, duc de).
BALAGNY (Jean de Montluc, seigneur de).
LAVARDIN (Jean de Beaumanoir, IIIe du nom, marquis de).
JOYEUSE (Henri, duc de).
BOIS-DAUPHIN (Urbain de Montmorency-Laval), Ier du nom.
ORNANO (Alphonse Corse, dit d').
FERVAQUES (Guillaume de Hautemer).
LESDIGUIÈRES (François de Bone, duc de).
ANCRE (Concino-Concini, marquis d').
SOUVRÉ (Gilles de), marquis de Courtenvaux.
ROQUELAURE (Antoine, seigneur de).
CHATRE (Louis de la), baron de la Maison-Fort.
THÉMINES (Pons de Lauzières, marquis de).
MONTIGNY (François de la Grange).

VITRY (Nicolas de l'Hôpital, duc de).
PRASLIN (Charles de Choiseul, marquis de).
SAINT-GÉRAN (Jean François de la Guiche, comte de).
CHAULNES (Honoré d'Albert, duc de).
AUBETERRE (François d'Esparbès).
CRÉQUI (Charles de Blanchefort, sire de).
CHATILLON (Gaspard de Coligny, IIIe du nom, duc de).
LA FORCE (Jacques Nompar de Caumont, duc de).
BASSOMPIERRE (François, marquis de).
SCHOMBERG (Henri de), comte de Nanteuil.
ORNANO (Jean-Baptiste d').
ESTRÉES (François-Annibal, duc d').
SAINT-LUC (Thimoléon d'Espinay, marquis de).
MARILLAC (Louis de), comte de Beaumont-le-Roger.
MONTMORENCY (Henri, IIe du nom, duc de).
TOIRAS (Jean de Saint-Bonnet, seigneur de).
EFFIAT (Antoine Coiffier, *Ruzé*, marquis d').
BRÉZÉ (Urbain de Maillé, marquis de).
SULLY (Maximilien de Béthune, duc de).
SCHOMBERG (Charles de), duc d'Halwin.
LA MEILLERAYE (Charles de la Porte, duc de).
GRAMONT (Antoine, IIIe du nom, duc de).
GUÉBRIANT (Jean-Baptiste Budes, comte de).
LA MOTHE - HOUDANCOURT (Philippe de), duc de Cardonne.
L'HOPITAL (François de), seigneur du Hallier.
TURENNE (Henri de la Tour d'Auvergne, vicomte de).
GASSION (Jean de).
PLESSIS (Praslin).
RANTZAU.
VILLEROI (Nicolas de Neufville).
AUMONT (Antoine, duc d').

GALERIE DE LOUIS XIII.

« Le corps de logis du milieu du palais de
« Louis XIII avait trois ouvertures dont les portes
« étaient de fer doré. Par ces portes, on entrait
« dans un vestibule pavé de marbre, communi-
« quant de droite et de gauche à deux apparte-
« ments. Le vestibule, sous Louis XIV, était un
« long espace vide, au-dessous de la grande ga-
« lerie. C'est par là que le jour on passait de la
« cour de marbre dans le parc, dont le passage
« était fermé la nuit. Seize colonnes de marbre,
« d'ordre dorique, le décoraient : il était à jour
« et séparé des deux côtés par une grille, et
« orné des statues de Diane et d'Apollon ; il avait
« à sa droite, du côté du parc, à l'un de ses
« bouts, le logement du dauphin ; à gauche, l'aile
« des bains (1). »

Cet ordre de choses changea sous Louis XV.
Il fit resserrer et fermer le péristyle du côté des
jardins, et construire de nouvelles chambres du

---

(1) Consulter Monicart et Félibien, et les plans de Sylvestre.

côté du midi, pour agrandir l'appartement du dauphin; du côté du nord, pour loger la princesse Louise, sa fille.

Ces constructions confuses, et l'amas de petits cabinets qui s'y rattachaient, ont disparu pour faire place à une magnifique galerie, précédée d'un élégant vestibule d'où l'on peut maintenant, grâce à l'abaissement de la cour de marbre, jouir tour à tour de la vue des jardins et de l'aspect de l'avenue de Paris : c'est un des embellissements les plus utiles et les plus heureux du palais de Versailles. Dans ce vestibule, placé au-dessous de la chambre de Louis XIV, on voit les statues des deux grands génies qui écrivirent, pour l'éducation des enfants de ce monarque, *Télémaque* et l'*Histoire universelle* ; et les images des chanceliers L'Hôpital et D'Aguesseau, qui tous deux conservèrent, dans des cours corrompues, le courage de la franchise et la pureté de la vertu.

Deux statues ornent aussi la *galerie de Louis XIII*, celle de ce prince et celle d'Anne d'Autriche. Les panneaux sont décorés de sujets historiques relatifs aux règnes de Louis XIII et de Louis XIV, ainsi que de portraits de la même époque ; et parmi les grands tableaux, la *bataille de Rocroy*, par Scheffer ; la réparation faite à Louis XIV au nom du pape Alexandre VII, de Ziegler ; l'entrée du roi à Dunkerque, par Vander-Meulen, fixent l'attention; elle s'arrête aussi sur l'entrevue de Louis XIV et de Philippe IV dans l'île des Faisans : ce dernier acte du rôle politique de Mazarin, la jeunesse de Louis prêt à recevoir la main de la fille du roi d'Espagne, le caractère distinctif de ces figures espagnoles et françaises, ce tapis étendu pour marquer la limite qui sépare la France et l'Espagne, tout justifie l'intérêt de curiosité que ce tableau inspire.

SALLES DES MARÉCHAUX.

(Les six dernières salles.)

Ces salles formaient autrefois l'*appartement des Bains*, parce que les deux premières pièces, celles qui sont le plus rapprochées de la galerie Louis XIII, avaient été destinées par Mansard à contenir des bains, comme nous l'avons déjà dit, sur le témoignage de Félibien.

Cet appartement était celui du comte et de la comtesse de Toulouse (1). Le prince était l'honneur, la vertu, la droiture, la vérité, l'équité même; et la princesse (Marie-Victoire-Sophie de Noailles) était séduisante de grâces et d'amabilité. Le roi dans sa jeunesse allait souvent passer la soirée chez elle : là, content parce qu'il était libre, il se livrait avec abandon aux jouissances de l'esprit, et au plaisir d'une conversation en-

---

(1) « En 1711, pendant la maladie du comte de Toulouse, le roi interdit le passage de la galerie et du grand appartement, même aux princes du sang, parce qu'au-dessous, le comte de Toulouse en aurait eu du bruit. » (SAINT-SIMON.)

jouée dans des soupers dont mademoiselle de Clermont, mademoiselle de Sens et mademoiselle de Charolais faisaient avec la comtesse de Toulouse le charme et l'ornement.

Pus tard, ce même appartement, avec les pièces qui forment aujourd'hui les salles *des guerriers illustres*, fut habité par Mesdames, filles de Louis XV, madame Adélaïde, madame Victoire, madame Sophie, madame Louise. Madame Adélaïde perdit de bonne heure l'éclat et les grâces de sa figure; elle avait de l'esprit, de l'instruction; son ardeur pour la musique la porta jusqu'à apprendre à jouer du cor et de la guimbarde. Madame Victoire était belle, douce et charitable. Madame Sophie, au contraire, était laide, sauvage et peureuse. Madame Louise avait l'âme élevée, une piété sincère, et une simplicité qui lui fit quitter le palais des rois pour aller vivre et mourir dans le couvent des carmélites de Saint-Denis. Elles adoraient le roi leur père, et elles lui donnèrent dans ses derniers moments des preuves d'un dévouement admirable.

« Louis XV, dit madame Campan, descendait tous les matins chez madame Adélaïde : souvent il y apportait et y prenait du café qu'il avait fait lui-même; madame Adélaïde tirait un cordon de sonnette qui avertissait madame Victoire de la visite du roi; madame Victoire en se levant pour aller chez sa sœur sonnait madame Sophie qui, à son tour, sonnait madame Louise. Le soir, à six heures, Mesdames interrompaient la lecture que je leur faisais pour se rendre avec les princes chez le roi; cette visite s'appelait le *débotté* du roi, et était accompagnée d'une sorte d'étiquette. Les princesses passaient un énorme panier qui soutenait une jupe chamarrée d'or et de broderies; elles attachaient autour de leur taille une longue queue, et cachaient le négligé du reste de leur habillement par un grand mantelet de taffetas noir, qui les enveloppait jusque sous le menton. Les chevaliers d'honneur, les dames, les pages, les écuyers, les huissiers portant de gros flambeaux, les accompagnaient chez le roi; en un instant tout le palais, habituellement solitaire, se trouvait en mouvement. Le roi baisait chaque princesse au front, et la visite était si courte, que la lecture interrompue recommençait souvent au bout d'un quart d'heure. »

Ces six dernières salles contiennent les portraits des maréchaux, depuis Jacques d'Étampes marquis de La Ferté-Imbault (1651) jusqu'au maréchal Grouchy (1831).

MARÉCHAUX.

ESTAMPES (Jacques d').
HOCQUINCOURT (marquis d').
FERTÉ (Henri de Senneterre, IIe du nom, duc de la).
GRANCEY (Jacques Rouxel, comte de).
FORCE (Armand de Caumont, duc de la).
CLÉREMBAULT (Philippe de).
ALBRET (César-Phébus d').
FOUCAULT (Louis).
SCHULEMBERG (Jean de).
FABERT (Abraham de).
CASTELNAU (Jacques, marquis de).
BELLEFONDS (Bernardin Gigault, marquis de).
CRÉQUI (Blanchefort François, marquis de).
HUMIÈRES (Louis de Crévant, duc de).
ESTRADES (Godefroy, comte d').
NAVAILLES (Philippe, duc de).
SCHOMBERG (Frédéric-Armand, comte de).
DURAS (Jacques-Henri de Durfort, duc de).
FEUILLADE (François d'Aubusson).
VIVONNE (Louis-Victor de Rochechouart, duc de).
LUXEMBOURG (François Henri de Montmorency, duc de).
ROCHEFORT (Henri-Louis d'Aloigny, marquis de).
LORGES (Guy-Aldonce de Durfort, duc de).
ESTRÉES (Jean, comte d').
CHOISEUL (Claude, comte de), marquis de Francières.
JOYEUSE (Jean-Armand de

Joyeuse-Grandpré, marquis de).
VILLEROI (François de Neufville, duc de).
BOUFFLERS (Louis-François, duc de).
TOURVILLE (Anne-Hilarion de Costentin, comte de).
NOAILLES (Anne-Jules, duc de).
CATINAT (Nicolas), seigneur de Saint-Gratien.
VILLARS (Louis-Claude-Hector, duc de).
CHAMILLY (Noël-Bouton, marquis de).
ESTRÉES (Victor-Marie, duc d').
CHATEAUREGNAUD (Fr.-Louis Rousselet, marquis de).
VAUBAN (Sébastien le Prestre, seigneur de).
BOLWEILLER (Conrad de Rosen, comte de).
HUXELLES (Nicolas du Blé, marquis d')
TESSÉ (René comte de).
TALLARD (Camille d'Hostun, comte de),
MONTREVEL (Nicolas-Auguste de la Baume, marquis de).
HARCOURT (Henri, duc d').
MARSIN (Ferdinand comte de).
BERWICK (Jacques de Fitz-James duc de).
MATIGNON (Charles-Auguste Goyon de), comte de Gacé.
BEZONS (Jacques-Bazin, seigneur de).
MONTESQUIOU D'ARTAGNAN (Pierre de).
BROGLIE (Victor-Maurice, comte de).
ROQUELAURE (Antoine-Gaston-Jean-Baptiste, duc de).
MEDAVY (Jacques-Léonor Rouxel, de Grancey, comte de).
BOURG (Léonor-Marie du Maine, comte du).
ALÉGRE (Yves, marquis d').
AUBUSSON (Louis d'), duc de la Feuillade.
GRAMONT (Antoine de Gramont, v^e du nom, duc de).
COETLOGON (Alain-Emmanuel, marquis de).

BIRON (Armand-Charles de Gontaut, duc de).
PUYSÉGUR (Jacques-François de Chastenet, marquis de), etc.
ASFELD (Claude-François Bidal, marquis d').
NOAILLES (Adrien-Maurice, duc de).
MONTMORENCY (Chrétien-Louis de), prince de Tingry, etc.
COIGNY (François de Franquetot, duc de).
BROGLIE (François-Marie, duc de).
BRANCAS (Louis, marquis de).
CHAULNES (Louis-Auguste d'Albert-d'Ailly, duc de).
NANGIS (Louis-Armand de Brichanteau, marquis de).
ISENGHIEN (Louis de Gand-Villain, prince d').
DURAS (Jean-Baptiste de Durfort, duc de).
MAILLEBOIS (Jean-Baptiste-François Desmaretz, marquis de).
BELLE-ISLE (Charles-Louis-Auguste Fouquet, duc de).
SAXE (Arminius-Maurice, comte de).
MAULEVRIER - LANGERON (Jean-Baptiste-Louis Andrault, marquis de).
BALINCOURT (Claude-Guillaume Testu, marquis de).
LA FARE (Philippe-Charles, marquis de).
HARCOURT (François, duc d').
MONTMORENCY (Guy-Claude-Roland, comte de Laval-).
CLERMONT-TONNERRE (Gaspard, duc de).
LA MOTHE - HOUDANCOURT (Louis-Charles marquis de).
LOWENDAL (Ulric-Frédéric-Woldemar, comte de').
RICHELIEU (Louis-François-Armand du Plessis, duc de).
SENNETERRE (Jean-Charles, marquis de).
LA TOUR – MAUBOURG (Jean-Hector de Fay, marquis de).

LAUTREC (Daniel-François de Gelas de Voisins d'Ambres, vicomte de).
BIRON (Louis-Antoine de Gontaut, duc de).
LUXEMBOURG (Charles-François de Montmorency, duc de).
ESTRÉES (Louis-César le Tellier, comte d').
THOMOND (Charl. O'Brien, de Clare, comte de).
MIREPOIX (Gaston-Charles-Pierre de Levis, duc de).
BERCHENY (Ladislas-Ignace, comte de).
CONFLANS (Hubert, comte de).
CONTADES (Georges-Érasme, marquis de).
SOUBISE (Charles de Rohan-Rohan, prince de).
BROGLIE (Victor-François, duc de).
LORGES (Guy-Michel de Durfort, duc de).
ARMENTIÈRES (Louis de Conflans, marquis d').
BRISSAC (Jean-Paul-Timoléon, de Cossé, duc de).
HARCOURT (Anne-Pierre, duc de).
NOAILLES (Louis, duc de).
NICOLAÏ (Antoine-Chrétien, chevalier de).
FITZ-JAMES (Jean-Charles, duc de).
MOUCHY (Philippe de Noailles, duc de).
DURAS (Emmanuel-Félicité de Durfort, duc de).
MUY (Louis-Nicolas-Victor de Félix d'Olières, comte du).
LAVAL-MONTMORENCY (Guy-André, duc de), premier baron chrétien.
CASTRIES (Charles-Eugène-Gabriel de la Croix, marquis de).
BEAUVAU-CRAON (Charles-Just, prince de).
MAILLY (Augustin-Joseph de), marquis d'Haucourt.
AUBETERRE (Joseph-Henri d'Esparbès de Lussan, marquis d').
SÉGUR (Philippe-Henri, marquis de).
CROY (Emmanuel, duc de).
VAUX (Noël Jourda, comte de).

CHOISEUL-STAINVILLE (Jacques, marquis de).
LEVIS (François-Gaston, duc de).
ESTAING (Charles-Hector, comte d').
ORLÉANS (Louis-Philippe-Joseph, duc d'). Amiral le 15 mai 1791.
DU CHAFFAULT (Julien-Gilbert-Charles).
LUCKNER (Nicolas, baron de).
ROCHAMBEAU (Jean-Baptiste-Donatien de Vimeur, comte de).
BERTHIER (Alexandre), prince de Neuchâtel et de Wagram.
MURAT (Joachim), grand-duc de Clèves, de Berg.
MONCEY (Bon-Adrien-Jeannot), duc de Conegliano.
JOURDAN (Jean-Baptiste, comte).
MASSÉNA (André), duc de Rivoli.
AUGEREAU (Pierre-François-Charles), duc de Castiglione.
BERNADOTTE (Jean-Baptiste-Jules), prince de Ponte-Corvo.
SOULT (Jean-de-Dieu), duc de Dalmatie.
BRUNE (Guillaume-Marie-Anne, comte).
LANNES (Jean), duc de Montebello.
MORTIER (Édouard-Adolphe-Casimir-Joseph), duc de Trévise.
NEY (Michel), duc d'Elchingen, prince de la Moskowa.
DAVOUST (Louis-Nicolas), duc d'Auerstaëdt, prince d'Eckmuhl.
BESSIÈRES (Jean-Baptiste), duc d'Istrie.
KELLERMANN (François-Christophe), duc de Valmy.
LEFEBVRE (François-Joseph), duc de Dantzick.
PÉRIGNON (Dominique-Catherine, comte).
SERRURIER (Jeanne-Mathieu-Philibert, comte).
BELLUNE (Victor-Claude Perrin, duc de).
OUDINOT (Charles-Marie), duc de Reggio.
MARMONT (Auguste-Fré-

7.

déric-Louis Viesse de), duc de Raguse.
MACDONALD (Étienne-Jacques-Joseph-Alexandre), duc de Tarente.
SUCHET (Louis-Gabriel), duc d'Albufera.
GOUVION – SAINT - CYR (Laurent, marquis de).
PONIATOWSKI (Joseph-Antoine, prince).
COIGNY (Marie-François-Henri de Franquetot, duc de).
BEURNONVILLE (Pierre de Riel, marquis de).
CLARKE (Henri-Jacques-Guillaume), duc de Feltre.
VIOMENIL (Charles-Joseph-Hyacinthe du Houx, marquis de).
LAURISTON (Jacques-Alexandre-Bernard Law, marquis de).
MOLITOR (Gabriel-Jean-Joseph, comte).
HOHENLOHE (Charles-Joseph-Justin-Ernest de), prince de Hohenlohe-Barteinstein-Jaxtberg.
MAISON (Nicolas-Joseph, marquis).
BOURMONT (Louis-Auguste-Victor de Ghaisne, comte de).
DUPERRÉ (Victor-Guy, baron).
GÉRARD (Étienne-Maurice, comte).
CLAUSEL (Bertrand, comte).
LOBAU (Georges Mouton, comte de).
TRUGUET (Laurent-Jean-François, comte).
GROUCHY (Emmanuel, marquis de).

SALLES DES GUERRIERS CÉLÈBRES.

Ces deux pièces faisaient partie sous Louis XIV de l'appartement de madame de Montespan, qui se prolongeait depuis la salle des gardes de la prévôté de l'hôtel, en face du vestibule actuel de la chapelle au rez-de-chaussée, jusqu'au vestibule à colonnes qui était derrière l'escalier des ambassadeurs. « Le roi descendait toujours en « bas à la chapelle (alors au salon d'Hercule), et « en sortant de la messe il entrait chez madame « de Montespan; le soir, après souper, madame « de Montespan montait chez lui avec madame « la duchesse (1). »

Il se passa dans cet appartement une anecdote assez jolie pour être racontée : Une femme de chambre de confiance s'était rendue la nuit à Paris chez Clément, fameux accoucheur, qui, accoutumé à de pareilles aventures, se laissa conduire les yeux bandés dans un superbe appartement. On éteignit les bougies. Un homme caché sous les rideaux du lit lui dit de ne rien

(1) Mémoires de Dangeau.

craindre : « Je ne crains, réplique Clément, que
« d'être dans la maison de Dieu où l'on ne
« peut ni boire ni manger. — Rassurez-vous, »
reprit l'inconnu ; et en même temps il va lui-
même à une armoire, y prend un pot de confitures et le lui apporte avec du pain. Dès que
Clément eut mangé il voulut boire ; la même
main lui versa deux ou trois rasades l'une après
l'autre. « Mais vous, dit l'accoucheur, ne boiriez-
« vous pas bien aussi un verre de vin? Si vous
« voulez que la malade soit promptement et heu-
« reusement délivrée, il faut boire à sa santé. »
Louis XIV (car c'était lui-même) ne se fit pas
prier ; et quand madame de Montespan eut mis
au jour l'enfant qu'elle portait dans son sein, on
banda les yeux à Clément, on lui mit une bourse
de cent louis dans la main, et on le reconduisit
chez lui, rue Saint-Antoine, avec les mêmes cérémonies.

Sous Louis XV, pendant que madame Adélaïde logeait encore au premier étage, ce même
appartement fut arrangé avec le soin le plus galant pour madame de Pompadour. Le Bel, le
fameux Le Bel, ministre des plaisirs secrets du
roi, logeait à côté de la favorite.

On a réuni dans les deux grandes salles qui
ont succédé à ces boudoirs, les portraits des
guerriers français qui, sans avoir été revêtus des

dignités de grand amiral, connétable ou maréchal, ont commandé des armées : c'est Dunois, l'illustre compagnon de Jeanne d'Arc; c'est Jean sans Peur, duc de Bourgogne; Bayard; François de Guise, le libérateur de Metz et de Calais; Henri le Balafré, son fils, vainqueur à Dreux; le grand Condé; Dumouriez; Hoche, Marceau, Joubert, enlevés tous trois si jeunes à l'amour de la patrie; Eugène Beauharnais, si patient et si intrépide aux bords glacés de la Bérésina; et tant d'autres qui se sont acquis une juste célébrité à la tête de nos armées.

VESTIBULE DE LOUIS XV.

SALLES DES MARINES.

De la dernière salle des guerriers célèbres, on passe dans le vestibule de Louis XV. Ce vestibule, de création toute nouvelle, a été pratiqué dans l'emplacement d'une cuisine que quelques plans indiquent avoir été celle de madame de Pompadour. A côté, le long de la cour de marbre jusqu'au vestibule de Louis XIII, se trouvaient et la salle des gardes à la porte de laquelle Damiens frappa Louis XV, et plusieurs autres petites pièces qui servaient de dépendances à l'appartement de Mesdames, filles de Louis XV. Ce rez-de-chaussée a été disposé de manière à recevoir des tableaux; ceux qu'on y verra représenteront des actions navales qui honorent la marine française.

On y remarquera cette bataille de Malaga où le comte de Toulouse, en 1705, battit les Anglais, qui fut célébrée par Esménard dans son poëme de la Navigation ; les divers combats où, sous Louis XVI, d'Estaing, de Grasse, de Vaudreuil et Lamotte-Piquet, se signalèrent avec tant de distinction ; le combat du *Formidable* dans la rade d'Algésiras, le 5 juillet 1801, et de la *Syrène* contre une division anglaise, le 22 mars 1808 ; la lutte acharnée de la frégate française la *Pomone* contre les frégates anglaises l'*Alceste* et l'*Active*, combat qui fait tant d'honneur au courageux sang-froid du vice-amiral Rosamel ; la bataille de Navarin, dont le vainqueur fut enlevé si jeune encore à la France ; et la prise d'Alger, où l'amiral Duperré acheva ce que Charles-Quint et Louis XIV avaient tenté vainement.

Presque toute cette collection est due aux pinceaux de MM. Gudin, Langlois, Garneray, Crépin et Gilbert.

SALLE DES ROIS DE FRANCE.

(Pourtour de la cour de marbre, vieux palais.)

Après avoir traversé le vestibule de Louis XIII, on entre dans la *salle des Rois*, qui remplace d'anciennes petites pièces du vieux palais destinées au service de la garde-robe du roi et de la reine, et la salle des gardes de la duchesse de Berri, fille du régent (1), lorsque cette princesse habitait l'appartement du dauphin, en 1714. Ces pièces étaient obscures, ramassées, sans grandeur; elles ont changé de face grâce aux travaux ordonnés par Louis-Philippe, et elles ont aussi reçu des tableaux et des portraits.

Dans l'emplacement où se trouve la collection générale des rois de France, Marie-Antoinette avait fait disposer une salle de bains et un salon de stuc, où l'on descendait des petits appartements par un escalier qui aboutissait à la place

---

(1) « Madame la duchesse de Berri, outre les douze gardes que le roi a ordonné qu'elle eût, voulait en avoir dix-huit autres, pour relever tous les jours les douze gardes et remplacer même ceux qui pourraient être malades ou absents; mais le roi n'a pas jugé que cela dût être. » (DANGEAU.)

de la niche du poêle qu'on a fait mettre dans cette longue pièce.

C'est une noble idée que d'avoir convié les soixante-douze rois de France aux magnificences de Versailles, et au spectacle de toutes les gloires du beau pays sur lequel ils ont régné. Clovis se reverra avec joie dans les plaines de Tolbiac; Charlemagne contemplera sans envie le grand homme qui comme lui, mais dix siècles plus tard, porta une épée terrible, protégea l'université, ceignit la couronne de fer, et dota la civilisation d'immortels capitulaires; Hugues Capet, en voyant la longue suite des princes de sa race, se félicitera d'avoir ramassé la couronne tombée du front des fainéants; Louis le Gros applaudira aux triomphes du tiers état, dont il avait préparé la création par l'affranchissement des communes; Philippe-Auguste admirera la grande page où un brillant pinceau a retracé cette bataille où il fut roi, soldat et vainqueur; saint Louis reverra avec une douce émotion le chêne à l'abri duquel il rendait la justice; le premier des Valois, Philippe VI, se rira de la présomption des Flamands et du coq de Cassel; Charles V le Sage remerciera Duguesclin l'intrépide, des lauriers de Cocherel; Charles VII sentira qu'il est beau d'avoir chassé l'étranger de son pays, et, retrouvant sous ses yeux Agnès et Jeanne d'Arc, se rappellera ses amours et sa gloire; Louis XI confiera à Notre-Dame d'Embrun qu'il n'avait point fait assez pour abaisser l'aristocratie, puisque, deux siècles après, elle avait reparu, sinon puissante, du moins si brillante, dans un palais dont la forteresse de Plessis-lez-Tours n'eût été que le corps de garde; Louis XII remerciera la postérité d'avoir confirmé en lui le surnom de *père du peuple,* qui lui avait été décerné dans les états de 1506 ; François Ier, si galant, si fier de Fontainebleau et de la protection qu'il accordait aux lettres et aux arts, sera jaloux peut-être de celui qui fit Versailles et qui eut Le Brun pour peintre, Racine pour poëte, et La Vallière pour maîtresse; Charles IX baissera le yeux devant le vertueux L'Hôpital; Henri III regrettera Jarnac et Moncontour, dont le souvenir eût pallié la honte de ses faiblesses; Henri IV, au cœur si français, jouira de voir son image et sa mémoire toujours chères au peuple qu'il a tant aimé ; Louis XIII s'étonnera de trouver, à la place de *son petit château de cartes,* la plus splendide des résidences royales; Louis XIV bénira la main qui a sauvé de l'abandon la merveille de son règne, et, sous ces lambris, étincelants des plus beaux souvenirs de sa vie, au milieu de ce cortége de grands hommes qui ont immortalisé son siècle, le grand roi se croira revenu à ces jours fortunés où la beauté, le génie et la gloire faisaient de lui un demi-dieu ; Louis XV cherchera le boudoir de madame de Pompadour, et ne sera pas peu surpris d'y rencontrer le duc de Guise ; Louis XVI reverra le cabinet où il traça de sa main les instructions de l'infortuné La Peyrouse, qui, comme lui, devait disparaître dans une tempête ; Louis XVIII reconnaîtra que chez un peuple généreux et ami de la liberté, les révolutions n'ont pas effacé de sa mémoire l'auteur de la charte ; enfin, en regardant Louis-Philippe au milieu de tous les représentants de la monarchie française réunis par ses soins dans ce palais, on appréciera encore mieux la noble réponse de ce prince à M. Dupin, président de la députation de l'Institut, en 1837 : « J'avais « souvent gémi, dans le cours de ma vie, que « des vanités mesquines ou des craintes mal en- « tendues eussent entrepris de rejeter dans l'ou- « bli les glorieux souvenirs des règnes antérieurs « à celui du monarque régnant ; et aussitôt que « j'en ai eu le pouvoir, je me suis empressé de « mettre en évidence que j'étais animé par d'au- « tres sentiments, et que, loin de redouter la « représentation d'aucun souvenir français, mon « cœur s'était toujours associé à toutes les gloi- « res de la France, et n'avait jamais connu la « triste crainte d'être éclipsé par aucune d'elles. »

SALLE DES VIEUX CHATEAUX.

Parmi ces anciens monuments si fertiles en souvenirs, on remarque Fontainebleau, colossale mosaïque de toutes les architectures depuis saint Louis jusqu'à nos jours, dont tous les plafonds ne formaient sous François Ier et sous Henri II qu'un même ciel éclairé par le croissant de Diane, et qui a vu naître Louis XIII et abdiquer Napoléon; Chambord, bâti par François Ier et qui eut une destinée si singulière (1); Saint-Germain, le siége de la cour

---

(1) « En 1797, le château de Chambord, par brevet du prétendant (Louis XVIII), fut octroyé, avec le brevet de duc, à Pichegru, pour prix de sa trahison;

En 1799, transféré, par le même prince, sous la sanction de Paul Ier, à Barras, pour appât d'une défection;

Après le 18 brumaire an VIII, offert par la commission de constitution au premier consul Bonaparte, qui le refusa;

En 1808, donné à Charles IV, ex-roi d'Espagne, par le traité de Bayonne;

En 1810, par décret impérial, donné au prince Berthier;

En 1820, vendu, par les héritiers du prince, à la commission de souscription publique pour le duc de Bordeaux. »
(Témoignages historiques, par DESMARETS, 1833; p. 229.)

avant Versailles; Rambouillet, que le comte de Toulouse céda à Louis XV qui en aimait la situation favorable aux plaisirs de la chasse; Saint-Cloud, séjour de la maison d'Orléans qui l'avait fait décorer par Mignard, et embellir par de merveilleuses cascades; Clagny, d'où madame de Montespan venait faire collation avec Louis XIV et Marie-Thérèse à Trianon; Sceaux, où la duchesse du Maine jouait la comédie avec Baron, et conspirait avec Cellamare; Marly qui partageait avec Versailles les affections de Louis XIV; enfin, Versailles avec toutes les phases qu'il a subies, avec son petit parc et ses premiers bosquets, avec ses grands jardins et ses fêtes.

Le *bassin de la Syrène*, la *grotte de Téthys*, qui occupait l'emplacement où se trouve aujourd'hui le vestibule de la chapelle; les *Réservoirs*, les *bassins de la Couronne*, la *fontaine de la Pyramide*, la *cascade de l'Allée d'eau*, l'*Allée d'eau* qui conduisait à la *fontaine du Dragon*, la *fontaine du Dragon*, la *fontaine du Pavillon* située dans un cabinet de verdure, le *Berceau d'eau*, le *Marais*, le *Théâtre* élevé dans un petit bois au milieu de plusieurs bassins de marbre, et qui vit tour à tour danser Louis XIV, et Molière jouer la comédie; le *bassin de Cérès*, la *Montagne d'eau*, le *bassin de Flore*, la *salle du Festin*, dont le milieu figurait une île où l'on pénétrait par des ponts; le *bassin d'Apollon*, l'*Ile* ou la *Grande pièce d'eau*, le *bassin de Saturne*, les *bosquets des Dômes*, le *bassin de Latone*, le *bassin de Bacchus* et le *Labyrinthe* formaient les embellissements du petit parc. Pour orner les fontaines du Labyrinthe, on avait tiré des fables d'Ésope trente-huit sujets, dont on avait fait en pierre une représentation fidèle, et que Benserade, par ordre du roi, avait réduits en autant de quatrains, dont je ne citerai qu'un exemple :

« Que tu me parais beau, dit le loup au limier,
Net, poli, gras, heureux et sans inquiétude!
Mais qui te pèle ainsi par le cou? — Mon collier. —
Ton collier! fi des biens avec la servitude! »

Le *grand Canal* et la *Ménagerie* appartenaient au grand parc. Cette ménagerie, située à gauche du grand canal en descendant le tapis vert, était une charmante retraite où l'on avait rassemblé les oiseaux les plus rares, et des animaux de toutes les espèces et de tous les pays. Le bon Denis a mêlé à la description qu'il en a faite, en ce qu'il appelle des *vers héroïques*, une particularité remarquable :

« Pour la bouche du roi l'on y nourrit des veaux
« De lait et jaunes d'œuf.... ça les rend bons et beaux. »

Ces jardins furent de bonne heure, sous Louis XIV, le théâtre des fêtes qu'il se plaisait à donner à sa cour. La relation de celle dont ils furent témoins en 1668 nous en a révélé l'éclat. Après un intermède pastoral composé par Molière et mis en musique par Lully, on passa pour souper dans le *bosquet des Dômes* où l'on avait dressé quatre tentes magnifiques sous lesquelles étaient huit tables accompagnées de leurs buffets et éclairées par des girandoles de cristal allumées *de dix bougies de cire blanche*. Au milieu s'élevait un *rocher* surmonté de Pégase qui dominait les figures d'Apollon (1) et des neuf Muses. « Le pied du rocher était revêtu, parmi
« les coquilles et la mousse, de quantité de
« pâtes, de confitures, conserves, d'herbages et
« de fruits sucrés qui semblaient être crûs par-
« mi les pierres et en faire partie. Il y eut cinq
« services, chacun de cinquante-six grands plats. »

(1) « Cette allégorie flattait Louis XIV, et dans un ballet donné à la cour, il parut sous les traits d'Apollon. Benserade, à cette occasion, lui adressa ces vers :

Je doute qu'on le prenne avec vous sur le ton
  De Daphné, ni de Phaéton ;
Lui trop ambitieux, elle trop inhumaine.
Il n'est pas là de piége où vous puissiez donner. —
  Le moyen de s'imaginer
Qu'une femme vous fuie, et qu'un homme vous mène !

« Le roi était servi par Monsieur le Duc. Un
« grand bal succéda au souper ; il eut lieu dans
« une superbe salle qui n'était pas *toute de feuil-*
« *lages : on y avait figuré le marbre et le por-*
« *phyre ;* et une grotte de rocaille, et des jets
« d'eau mêlés à la flamme des bougies et retom-
« bant sur des lits de fleurs, ajoutaient aux dé-
« lices de ce lieu enchanté. Tous les bosquets
« étaient illuminés ; et un feu d'artifice *qui*
« *remplit le ciel d'éclairs et l'air d'un bruit*
« *qui fit trembler la terre,* mit fin à cette bril-
« lante féerie. »

CHAPITRE V.

Aile du Sud.

L'*aile du Sud*, qui fut bâtie par J. H. Mansard, porta d'abord le nom d'*aile des Princes*, parce qu'elle était destinée à loger les enfants de France. De là le nom de *cour des Princes*, à la petite cour qui sépare cette aile du corps central du logis; d'*escalier des Princes* à l'escalier par lequel on monte à son premier étage.

Les fils du grand Dauphin, le duc de Berri, le duc d'Anjou (depuis, Philippe V, roi d'Espagne) et le duc de Bourgogne, occupèrent, dans leur enfance, avec leurs gouverneurs, le duc de Montausier, le duc de Beauvilliers, et Fénelon leur précepteur, l'extrémité du premier étage de l'aile du Sud, du côté de la pièce d'eau des Suisses; on l'avait choisie comme la partie la plus salubre et la plus gaie (1). Louis XV, à l'âge de quatre ans, y logea aussi jusqu'à la mort de Louis XIV, c'est-à-dire, de 1714 à 1715. Au même étage, était l'appartement de Philippe d'Orléans, frère de Louis XIV. Plus loin, dans la direction du corps central, c'était la seconde femme de ce prince, la Palatine, Charlotte de Bavière, si fière, si originale et si spirituelle. Plus loin encore, sur la même ligne, le duc de Chartres (depuis régent de France), avec Françoise-Marie de Bourbon, son épouse, si belle et si gracieusement nonchalante.

Au rez-de-chaussée, logeaient deux autres filles de Louis XIV, mademoiselle de Nantes, qui épousa Louis III, duc de Bourbon, et qui avait l'esprit caustique et brillant de madame de Montespan, sa mère, « belle petite chatte « qui, en jouant et minaudant agréablement, « faisait sentir ses griffes; » et mademoiselle de Blois, à qui madame de La Vallière avait donné

---

(1) « Cet endroit vaste et grand où les enfants de France
　　Ont leur logement réservé,
　Jouit d'un air toujours pur, élevé;
Et d'un double horizon l'influence bénigne
Est la plus salutaire à la race enfantine. »

(MONICART.)

ses grâces en lui donnant le jour, et qui devint cette charmante princesse de Conti, héroïne de roman, dont les sauvages mêmes adorèrent l'image, sous le nom de la déesse Monas.

Au bout de cette suite d'appartements, à l'endroit où l'aile des Princes rencontrait le rez-de-chaussée du corps central, était le petit théâtre où Lulli et Quinault charmèrent tant de fois la cour par la mélodie de leurs chants. C'est là que Louis XIV fit jouer l'opéra d'*Armide*, que le public de Paris n'avait pas accueilli favorablement; le roi fut content, et Versailles et Paris applaudirent.

Sous Louis XVI, cette aile fut également habitée par les enfants de France, par les frères du roi et par les princes du sang. Il y avait pour ces derniers, quand ils rendaient visite en corps au roi, une singulière étiquette: ils marchaient ensemble précédés de leurs livrées, qui étaient rangées par ordre renversé, c'est-à-dire, celle du duc de Penthièvre en première ligne, celle du duc d'Orléans en dernière. Dans les derniers temps, la livrée du duc d'Orléans, qui était colonel général des hussards, excitait une attention particulière, parce que, indépendamment des autres gens de service qui portaient les couleurs éclatantes de la maison, on remarquait sept nègres, habillés en hussards, dont le costume, tout brodé d'argent, était encore relevé par des dolmans en peaux de tigres.

De nos jours, les immenses travaux exécutés par ordre du roi Louis-Philippe ont donné aux appartements de l'aile du Sud une physionomie toute nouvelle.

REZ-DE-CHAUSSÉE.

GALERIE NAPOLÉON.

Les appartements qui sont devenus la galerie Napoléon étaient habités, sous Louis XV, jusqu'au vestibule qui les partage, par ce comte de Charolais, si froidement cruel, qui tira un jour, sur un toit, un maçon comme une pièce de gibier, et le tua impunément!... et par sa sœur, mademoiselle de Charolais, qui était, au contraire, d'une excessive sensibilité (1).

Sous Louis XVI, le même appartement était occupé par la princesse de Lamballe, si jeune, si belle et si malheureuse, et par la princesse

---

(1) Passionnée pour les plaisirs, elle n'avait pas toujours le courage de résister à leur entraînement, et elle était souvent obligée de s'éloigner de la cour pour des soins qui exigeaient du mystère. Son suisse, qui n'était pas dans le secret, répondit un jour à une personne qui envoyait savoir des nouvelles de la princesse : « Mademoiselle se porte aussi bien que « son état le permet, et l'*enfant* aussi. »

Louise de Bourbon-Condé, morte religieuse au Temple, en 1824. La seconde partie de ce vaste rez-de-chaussée, depuis le vestibule jusqu'à la salle de Marengo, était occupée par les enfants de France, Louis, dauphin, fils de Louis XVI, mort au Temple pendant la révolution, et par Madame, fille du roi, depuis duchesse d'Angoulême. En 1788, ils eurent envie de l'appartement habité par le comte de Provence (depuis Louis XVIII), qui était au rez-de-chaussée de la partie gauche du corps central du palais, où sont aujourd'hui les maréchaux de France; le prince le céda à regret; et l'on raconte qu'à cette époque, pour chercher une compensation à cette contrariété, il invita le concierge chargé de présenter l'état des logements, à vouloir bien y comprendre une dame qui était l'objet de ses préférences. Louis XVI crut devoir résister à ce désir. Alors le prince eut recours à l'adresse; d'après ses conseils, le concierge porta dans le nombre des pièces destinées au comte de Provence, deux chambres de plus, avec cette désignation mystérieuse : *Pour les extraordinaires de Monsieur;* l'état fut approuvé, et *Monsieur* s'applaudit de sa ruse.

Au bas de l'escalier des Princes, dans un des vestibules, le buste colossal de Napoléon annonce qu'on va parcourir la galerie consacrée aux souvenirs de ce grand homme. Cette galerie se compose de douze salles séparées par un vestibule à colonnes, de création nouvelle, et terminées par une salle de plus grande dimension, *la salle de Marengo*. Ces douze salles ont été nouvellement décorées ; tous les panneaux sont couverts d'attributs militaires, de médaillons, de batailles en raccourci, et des noms des combats célèbres qui n'ont pu trouver place dans cette galerie. Ces ornements sont dus au pinceau de M. Alaux et de MM. Adam frères. Chacune des salles se trouve désignée par l'année à laquelle se rapportent les sujets des tableaux ; ces tableaux représentent la marche victorieuse de Napoléon, depuis 1796 jusqu'en 1809.

Regardez ce jeune homme pâle et maigre, à l'œil d'aigle, aux longs cheveux, franchissant les Alpes, enveloppé d'un manteau rouge qui flotte au gré des vents (1), c'est Bonaparte, Bonaparte

---

(1) Après la première campagne d'Italie, Bonaparte, qui s'était déclaré le protecteur de David, le rencontra un jour chez le secrétaire général du Directoire : « Je vous peindrai, « lui dit l'artiste, l'épée à la main sur le champ de bataille. « — Non, répondit Bonaparte, ce n'est plus avec l'épée que « l'on gagne des batailles ; je veux être représenté calme sur « un cheval fougueux. » L'idée ne fut pas perdue : David s'en souvint, et l'exécuta, quelques années plus tard, dans le por-

encore presque inconnu. Il va haranguer son armée : « Soldats d'Italie, leur dira-t-il, vous « êtes mal nourris et presque nus, je vais vous « conduire dans les plus fertiles plaines du monde; « vous y trouverez la terre promise, vous y trou- « verez honneurs, gloire et richesse. » Il a déjà tenu parole à Montenotte, à Millésimo, à Mondovi, et son aide de camp Murat a porté au Directoire vingt drapeaux pris à l'ennemi. Mais les Autrichiens défendent le passage de l'Adda; il ordonne à six mille grenadiers de traverser au pas de course le pont de Lodi; ils le franchissent à la baïonnette, culbutent les soldats de Beaulieu, et, dans la joie de la victoire, ils imaginent de rendre un singulier hommage à la jeunesse de leur général; ils le saluent du titre si fameux de *petit caporal*. Bientôt, il se fait soldat lui-même à Arcole avec Augereau, pour ranimer le courage de ses troupes; il saisit un drapeau et s'écrie : « N'êtes-vous donc plus les vainqueurs de « Lodi? » et le drapeau à la main, il s'élance

---

trait équestre du premier consul, gravissant le Saint-Bernard.

David fit deux répétitions de ce portrait. Dans l'original, Bonaparte monte un cheval gris-pommelé; dans la première répétition, faite pour la bibliothèque des Invalides, le cheval est noir; dans la deuxième, le cheval est gris-pommelé. Cette dernière est placée à Versailles.

sur le pont au milieu d'une grêle de balles et de mitraille. Le champ de bataille de Castiglione le retrouve encore triomphant; Mantoue, Milan, Venise lui ouvrent leurs portes, et au mois d'avril 1797, à Léoben, il répond aux plénipotentiaires de l'empereur : — « La république n'a « pas besoin d'être reconnue, elle est en Europe « comme le soleil sur l'horizon. » Et du ton de la victoire il dicte les préliminaires de la paix. On voit autour de lui tous ces guerriers qui, jeunes, aventureux, jetant leur vie au hasard des combats, commençaient leur fortune et leur gloire, et se préparaient à devenir les lieutenants du nouvel Alexandre.

Nous entrons dans la troisième salle de la galerie; le beau ciel bleu de Rome et de Naples a disparu. Ce soleil rougeâtre, ces sables brûlants, ces oasis au milieu du désert, ces minarets, l'éclat inaccoutumé des costumes, ces têtes couronnées du turban, ces masses gigantesques de pierres qui se perdent dans les nues, tout nous dit que nous sommes en Égypte; et ne croirait-on pas que, pour mieux la représenter à nos yeux, Guérin, Gros et Girodet ont trempé leurs pinceaux dans les riches couleurs de l'Orient ?

Le 1er juillet 1798, Bonaparte a mis le pied sur les bords du Nil. Le lendemain, l'antique cité d'Alexandre est tombée en son pouvoir. Il marche, il marche entouré de Kléber, Desaix, Lannes, Murat, Rampon, Régnier, Dugua, Menou, Cafarelli; son visage rayonne d'enthousiasme : « Soldats, s'écrie-t-il, songez que du « haut de ces pyramides quarante siècles vous « contemplent. » Et il entre vainqueur dans le palais de Mourad Bey. Le Caire le proclame *le brave des braves de l'Occident, la prunelle droite du grand Allah.* Bientôt la ville se révolte, et Bonaparte punit tour à tour et pardonne. De nouveaux triomphes couronnent son audace; mais sous les palmes du Mont-Thabor sa pensée inquiète se reporte vers la France. Il part après avoir fait graver sur la colonne de Pompée les noms des quarante premiers soldats morts en Égypte, « quarante noms sortis des « villages de France et associés ainsi à l'immor- « talité de Pompée et d'Alexandre (1). »

La France a salué de ses acclamations le vainqueur de l'Égypte; le 18 brumaire a renversé le Directoire; Bonaparte est proclamé consul, et la bataille de Marengo (2) affermit son pouvoir et les destinées de la France.

---

(1) Thiers, Histoire de la révolution française.

(2) La dimension des tableaux relatifs à la bataille de Ma-

Bientôt un trône s'élève, et le premier consul y monte empereur.

Avant de passer le Rhin et le Danube pour assister aux exploits de la grande armée, reposons-nous sous ce beau vestibule créé par Louis-Philippe. La statue en bronze de Napoléon, faite par Seure, d'après celle qui est sur la colonne, a cela de remarquable qu'elle est juste de la grandeur du modèle, et que l'épée a été moulée sur celle de ce héros : elle est entourée de l'image en marbre de l'impératrice Joséphine et des statues de Cambacérès, de Lebrun, qui, après avoir été consuls avec Bonaparte, devinrent les premiers dignitaires de l'Empire.

Poursuivons. Quel est ce guerrier qui remet au 76ᵉ régiment de ligne ses drapeaux retrouvés dans l'arsenal d'Inspruck? C'est Ney, le brave des braves, le premier soldat de la grande armée.

rengo n'ayant pas permis de les placer à leur ordre chronologique dans la galerie Napoléon, on les a réunis au bout de cette galerie, dans une seule et même salle où l'on trouve, indépendamment des tableaux, une magnifique colonne en porcelaine de Sèvres, qui représente les principaux traits de la vie de Napoléon. En face de la croisée du milieu, du côté de l'orangerie, on a placé sur la terrasse la statue colossale en bronze de ce grand homme, qui était destinée à l'arc de triomphe.

Plus loin, des feux improvisés éclairent comme par enchantement le camp français, à l'aspect de Napoléon visitant les postes ; c'est l'anniversaire du couronnement, c'est la veille de la plus belle de toutes les batailles; cette nuit de fête va faire place au soleil d'Austerlitz.

L'aigle impérial plane sur les tours de Vienne et de Berlin. La neige d'Eylau est rougie de flots de sang, et le Niémen recueille dans les embrassements des deux empereurs la confidence des grands projets qui devaient fixer les destinées du monde.

L'année suivante, la main qui avait signé la paix de Tilsitt reçoit les clefs de Madrid. Mais impatient de se venger de l'Autriche, l'empereur s'élance des Pyrénées sur les bords du Danube; il assiste en pleurant à Essling aux derniers moments d'un compagnon, d'un ami, de ce Lannes dont il avait pressenti la gloire sur les bords du Nil; enfin, pour gage de la paix, il reçoit en 1810 la main de la fille des Césars.

Tel est le rapide aperçu de la série historique dont se compose la galerie Napoléon. Lorsque ceux qui ont pris part à ces brillantes campagnes et qui ont eu le bonheur de survivre aux vainqueurs d'Arcole et de Lodi, iront visiter Versailles, ils ne verront pas sans émotion le tableau de leurs premiers succès; ils n'entendront pas sans orgueil murmurer autour d'eux ces paroles de leur ancien général : « Ils étaient de l'armée « d'Italie (1) ! »

(1) « Soldats, vous vous êtes précipités comme un torrent du haut de l'Apennin ; vous avez culbuté et dispersé tout ce qui s'opposait à votre marche. Le Pô, le Tésin, l'Adda, n'ont pu vous arrêter un seul jour.... Tant de succès ont porté la joie dans le sein de la patrie..... Lorsque vous rentrerez dans vos foyers, vos concitoyens diront en vous montrant : « Il était de l'armée d'Italie ! »
(Extrait de la proclamation de Napoléon Bonaparte.)

GALERIE DE SCULPTURE.

Cette grande et belle galerie, tout entière de la création de Louis-Philippe, a succédé aux corridors et aux garde-robes qui faisaient face aux cours de la surintendance, et qui jadis étaient abandonnés aux usages les plus vulgaires de la domesticité. On y déposait les chaises à porteurs; et telle était la liberté de certains abus, que le maréchal de Mouchy, gouverneur du palais sous Louis XVI, n'osant point donner l'ordre de les détruire pendant qu'il était à Versailles, profita d'un voyage qu'il fit, pour prescrire pendant son absence l'enlèvement de toutes ces chaises, et des mesures de police très-sévères, afin de ramener dans ces corridors la propreté qui en était bannie.

Cette galerie, construite en pierre, dallée en marbre, voûtée à doubles arceaux, a cent mètres de longueur. On y voit des statues et des bustes de généraux célèbres depuis 1790 jusqu'en 1815. Les statues sont dans des niches faites dans les baies des portes communiquant autrefois aux anciens appartements, et répétant un nombre égal de croisées éclairées du côté de la cour de la surintendance. Les bustes sont placés devant les pilastres, et au bout de cette galerie se trouve l'escalier des Princes par lequel on monte au premier étage de l'aile du Sud.

C'est dans cette galerie que le roi a fait mettre la statue en marbre du général Hoche, dont la ville de Versailles a fait hommage à S. M., après en avoir fait élever une autre à cet illustre guerrier sur la place qui porte son nom. Nous avons assisté à l'inauguration de cette nouvelle statue, et nous avons uni nos applaudissements à ce témoignage solennel de reconnaissance de sa ville natale, en faveur d'un héros dont l'habile historien de la révolution française a retracé le portrait en ces termes : « Des victoires, une « grande pacification, l'universalité des talents, « une probité sans tache, l'idée qu'il aurait lutté « seul contre le vainqueur de Rivoli et des Py- « ramides, et que son ambition serait restée ré- « publicaine : en un mot, des hauts faits, de « nobles conjectures et vingt-neuf ans, voilà de « quoi se compose sa mémoire. Certes, elle est « assez belle : ne le plaignons pas d'être mort « jeune ! »

On y remarque aussi un bas-relief qui représente la paix de Presbourg; il est emprunté à l'arc de triomphe du Carrousel.

Cette galerie se recommande surtout à l'attention, par l'hommage rendu aux généraux en chef qui ont péri sur le champ de bataille. Leurs images sont placées sur autant de piédestaux où l'on a inscrit avec leurs noms la date de leur mort. On s'inclinera avec respect devant les Turenne, les Marceau, les Desaix, les Montebello et tant d'autres ensevelis dans leurs triomphes; et pour tout éloge on répétera ce lugubre et glorieux refrain qu'on prononçait tous les jours au nom de **La Tour d'Auvergne :** « Mort au champ d'hon-« neur! »

PREMIER ÉTAGE.

GRANDE GALERIE DES BATAILLES.

On monte au premier étage par l'escalier des Princes, où l'on remarque les statues en marbre de Louis XIV et de Louis-Philippe.

Le vaste emplacement occupé par la galerie des batailles formait, sous Louis XVI, une série d'appartements habités, au premier étage, par le comte d'Artois (depuis Charles X) et la comtesse d'Artois, Marie-Thérèse de Savoie, morte le 2 juin 1805. Un ancien serviteur du château nous a montré, quand on détruisait les anciennes distributions pour préparer la galerie nouvelle, la cheminée où, en 1788, la veille du jour de son émigration, le comte d'Artois brûla tous ses papiers.

Dans l'année 1836, par ordre du roi Louis-Philippe et grâce à d'immenses travaux dirigés par MM. Fontaine et Nepveu, ces anciens appartements avec leurs entre-sols et leur attique ont fait place à une galerie unique de 120 mètres de longueur sur 13 mètres de largeur, toute recouverte en fer. Le plafond à voussures est soutenu aux extrémités et dans le milieu par des groupes de colonnes au nombre de trente-deux. Les deux grands vaisseaux de cette galerie reçoivent le jour d'en haut, et sont interrompus, sans être séparés, par un vestibule à jour et à colonnes, éclairé par des croisées sur les jardins. Dans le haut des deux autres vestibules à colonnes qui terminent la galerie, on voit des figures allégoriques peintes à fresque par Abel de Pujol. Sur les pans de murailles de la galerie, les tableaux retracent nos grandes batailles depuis Tolbiac, sous Clovis, jusqu'à Wagram, sous Napoléon : création vraiment magnifique et digne de recueillir ce vaste trophée de gloire, où chaque génération est venue suspendre ses armes et attacher un laurier !

Et d'abord, sous cette armure de fer, le fondateur de la monarchie française déploie un courage sauvage dans les plaines de Tolbiac ; ses soldats hésitent ; Clovis invoque le *dieu de Clotilde*, il est vainqueur, et la France est chrétienne [1].

Les Sarrasins se sont répandus comme un torrent dans les champs de la Touraine. Charles

[1] Tableau de Scheffer.

Martel court à leur rencontre. Abdérame, leur chef, tombe mort; et les faibles débris de son innombrable armée reculent jusqu'aux Pyrénées (1).

En 772, Charlemagne défait Vitikind et les Saxons sur les bords du *Véser*, et détruit le temple de leurs faux dieux. Ce grand homme met par son courage un terme aux invasions de la barbarie (2).

Un autre peuple, les Normands, n'exerçait pas moins de ravages dans l'intérieur du pays. En 835, sous le règne de Charles le Gros, ils remontèrent la Seine et vinrent mettre le siége devant la ville de Paris, qui consistait alors tout entière dans l'île qu'on nomme aujourd'hui la Cité. Après des efforts opiniâtres, ils furent repoussés par Eudes, qui partagea depuis la couronne avec Charles le Simple. C'est lui que l'on voit à cheval dans le tableau, couvert d'une armure dorée (3).

Un spectacle imposant se présente : on est sur les rives de la Meuse, dans les plaines de Bouvines. Un roi chevalier a fait mettre sur un autel sa couronne aux yeux de son armée : « S'il « en est un parmi vous, s'écrie-t-il, qui en soit

---

(1) Tableau de Steuben.
(2) Scheffer.
(3) Schnetz.

« plus digne que moi, je la lui cède et résigne
« volontiers, pourvu qu'il s'engage à la conser-
« ver entière et à ne pas la laisser démembrer. »
Tout le camp retentit des cris de vive Philippe !
vive le roi Auguste ! Ce prince prend son épée,
monte à cheval; les prêtres entonnent les psaumes, les trompettes sonnent et la charge commence. Philippe est renversé et foulé aux pieds
des chevaux; on agite l'oriflamme autour de lui ;
il est délivré par ses chevaliers, il fait des prodiges de valeur, ressaisit la victoire et voit fuir
l'empereur Othon (1).

Un roi non moins brave et non moins glorieux, saint Louis, se trouve à Taillebourg sur
les bords de la Charente, au milieu des mêmes
dangers. Emporté par son ardeur et suivi seulement de huit chevaliers, il s'était élancé sur
le pont qui conduisait au château occupé par
les Anglais. Ses huit compagnons d'armes sont
renversés à ses côtés; il reste à découvert, il va
être tué ou fait prisonnier ; ses soldats accou-
rent et le dégagent, et sa présence leur donne
la victoire; le roi d'Angleterre est forcé de
quitter la France (2).

Monts-en-Puelle, lieu fortifié entre Lille et

(1) Tableau d'Horace Vernet.
(2) Delacroix.

Douai, fut, en 1304, témoin tout à la fois de la confiance insouciante du soldat français et de son intrépidité dans un jour de bataille : Philippe le Bel, après avoir déjà fait des Flamands un horrible carnage, se reposait sous sa tente, et ses troupes partageaient sa sécurité, lorsque tout à coup les ennemis fondent à l'improviste sur son camp. Il avait quitté sa cotte d'armes et n'avait autour de lui que vingt gentilshommes; avec eux et sa seule épée il repousse la foule qui le menace, et son armée, excitée par son exemple et la valeur du comte de Valois, met en déroute les Flamands qui laissent plus de trente mille hommes sur le champ de bataille (1).

Ils ne sont pas plus heureux sous les murs de Cassel, en 1328. C'est en vain qu'ils ont mis sur les tours de la ville un étendard où était peint un coq avec ce distique :

> Quand le coq chanté aura
> Le roi Cassel conquêtera.

Philippe de Valois ne tarda pas à leur donner un éclatant démenti; « tous furent tués et morts « l'un sur l'autre, dit Froissard, sans yssir de « la place dans laquelle la bataille commença (2). »

---

(1) Tableau de Champmartin.
(2) Scheffer.

Des adversaires plus redoutables, les Anglais, sous la conduite de Jean de Graille, captal de Buch, sont campés à Cocherel près d'Évreux, et nous voyons apparaître sur la scène militaire Bertrand Duguesclin. « Souvenez-vous, dit-il à « ses soldats, que nous avons un nouveau roi ; « que sa couronne soit aujourd'hui étrennée par « vous ! » L'armée anglaise mise en déroute, le captal et un grand nombre de chevaliers faits prisonniers, furent les *étrennes* de Duguesclin ; et ce ne sont pas les seuls lauriers dont il ait illustré la couronne du sage monarque dont il avait salué par une victoire le joyeux avénement.

Voici venir la jeune fille qui dit à Charles VII : « Je suis envoyée de la part de Dieu pour prêter « secours à vous et à votre royaume, et vous « mande le roi des cieux par moi, que vous serez « sacré et couronné en la ville de Reims, et serez « lieutenant du roi des cieux qui est roi de « France. » On lui donne une armure complète avec un étendard blanc semé de fleurs de lis. Déjà elle est sous les murs d'Orléans ; elle adresse aux généraux anglais une lettre, afin que « de par Dieu roi du ciel, ils eussent à rendre les clefs de toutes les bonnes villes qu'ils avaient capturées en France. » Elle traverse les lignes ennemies, entre dans la ville le 29 avril 1429, ayant à ses côtés le brave Dunois ; et après neuf jours de combats, où elle déploie partout la plus brillante valeur, elle a la gloire de faire fuir les Anglais.

Le même sort les attendait, en 1450, à Formigny : la journée fut sanglante ; Charles VII y combattit avec l'élite des chevaliers ; il y justifia le nom de *victorieux* que lui a décerné l'histoire ; et la réunion de la Normandie à la couronne fut le prix de sa vaillance.

Ce n'est plus sur son propre sol que la France va prodiguer son sang et son courage ; elle franchit les Alpes, et son roi Charles VIII entre à Naples en conquérant (1).

Mais quel est ce champ de bataille où un jeune et brillant monarque fait ses premières armes ? C'est Marignan : François Ier consacre son triomphe en se faisant recevoir chevalier par Bayard (2).

Gloire à François de Guise, au grand capitaine qui délivre Calais et fait expier aux Anglais l'orgueilleuse cruauté d'Édouard III et l'humiliation d'Eustache de Saint-Pierre (3) !

---

(1) Tableau de Féron.
(2) Fragonard.
(3) Picot.

Les héros se pressent sous nos yeux : Henri IV, vainqueur et père de ses sujets, entre dans Paris *affamé de voir un roi* (1).

Le grand Condé goûte dans les plaines de Rocroy

> « Le plaisir et la gloire
> Que donne aux jeunes cœurs la première victoire (2). »

Un nouveau triomphe l'attendait dans les plaines de Lens (3).

Et Turenne, à la bataille des Dunes, défait ce Don Juan d'Autriche, si terrible à la tête des bandes espagnoles (4).

Ces deux premiers lieutenants du grand roi semblent annoncer sa présence ; en effet, il est là, sous les murs de Valenciennes, entouré de Philippe d'Orléans, son frère, des maréchaux d'Humières, Schomberg, Lafeuillade, Luxembourg et de Lorges ; Vauban dirige l'attaque, qui a lieu en plein jour contre l'usage du temps, et la ville est emportée le 17 mars 1677, par l'impétuosité des mousquetaires (5).

(1) Tableau du baron Gérard.
(2) Heim.
(3) Franque.
(4) Larivière.
(5) Alaux.

Le Piémont est aussi favorable à nos armes. Le guerrier philosophe que ses soldats appelaient *le père la Pensée*, et dont Louis XIV a dit en le créant maréchal : « C'est bien la vertu couronnée, » Catinat défait, le 4 octobre 1693, à la Marsaille, Victor-Amédée de Savoie, vainement secondé par le génie du prince Eugène (1).

Vendôme n'est pas moins grand à Villaviciosa ; il raffermit la couronne d'Espagne sur le front de Philippe V, et, le soir après la bataille, voyant le jeune monarque accablé de fatigue, il fait rassembler au pied d'un arbre les étendards et les drapeaux pris à l'ennemi, et dit à Philippe : « Voici le plus beau lit sur lequel jamais roi ait « couché (2). »

> Dans les champs de *Denain*, l'audacieux Villars
> Dispute le tonnerre à l'aigle des Césars,

et la défaite du prince Eugène rend à la France sa sécurité et sa prépondérance en Europe (3).

Le grand siècle est fini. Cependant Fontenoy semble le continuer, et Maurice de Saxe en fait revivre les plus illustres capitaines. Malade, en proie à de vives souffrances, porté dans une

(1) Tableau de Devéria.
(2) Alaux.
(3) Monvoisin.

voiture d'osier, il parcourait tous les rangs, animait tous les esprits par son courage et par sa gaieté, et l'une des plus mémorables victoires remportées sur les Anglais ne tarda pas à prouver que dans un corps brisé de douleur, l'âme et le génie peuvent survivre dans toute leur énergie (1).

Le 2 juillet 1747, le duc de Cumberland se retrouve au village de Lawfeldt en présence de Louis XV qui voit encore les Anglais fuir devant le maréchal de Saxe (2).

Un théâtre tout nouveau pour les Français s'ouvre devant leur courage. Les Américains ont levé l'étendard de l'indépendance; Louis XVI leur envoie un corps auxiliaire; Rochambeau le commande; entouré de jeunes volontaires enthousiastes de la liberté, il a la gloire de combattre et de vaincre à côté de Washington devant York-Town, et l'Amérique est affranchie (3).

Ces mêmes cris de liberté vont retentir en France; l'Europe se coalise pour les étouffer. Le drapeau tricolore se déploie dans les champs de Fleurus au-dessus des épées de Kléber, Lefebvre, Bernadotte, Morlot, Championnet; Jour-

---

(1) Tableau d'Horace Vernet.
(2) Couder.
(3) Couder.

dan qui les commande bat l'armée autrichienne sous les ordres du prince de Cobourg, et prépare la conquête de la Hollande (1).

Nos armes ne sont pas moins heureuses au delà des Alpes, sous la conduite du vainqueur de Rivoli (2). Mais ce jeune héros en partant pour l'Égypte semble avoir emporté avec lui *la fortune et le drapeau de César;* la France, pressée par Souwarow, allait peut-être succomber; elle est sauvée à Zurich (3) par l'*enfant chéri de la victoire;* et les Autrichiens commandés par l'archiduc Jean sont battus à Hohenlinden (4).

Cependant la couronne impériale, placée sur le front de Napoléon, ranime et rassemble sur un même point la coalition déjà battue en détail et dispersée par nos succès. Le nouvel empereur court à ses ennemis, il les attaque, il les terrasse, et chacune de ses victoires renverse une monarchie; à *Austerlitz* (5) l'Autriche; à *Iéna* (6) la Prusse; à *Friedland* (7) il ébranle la Russie dont

(1) Tableau de Mauzaisse.
(2) Cogniet.
(3) Bouchot.
(4) Schoppin.
(5) Baron Gérard.
(6) Horace Vernet.
(7) Horace Vernet.

son ambition ajourne la ruine; enfin, il fait une halte glorieuse après la journée de *Wagram* (1) qui donne la paix à la France et une nouvelle épouse à Napoléon.

En contemplant cette grande page de nos annales militaires, ne se croit-on pas transporté dans les temps fabuleux? ne croit-on pas assister à ces combats de géants dans lesquels Homère faisait intervenir les dieux?

(1) Tableau d'Horace Vernet.

SALLE DE 1830.

Cette magnifique salle, construite de nouveau par Louis-Philippe, et décorée des plus brillants attributs, a été formée de l'ancien appartement occupé, sous Louis XV, par Louis-Philippe d'Orléans, prince qui fut assez populaire pour mériter le surnom de *Roi de Paris*. C'était le grand-père du roi actuel, qui doit aussi à la popularité une royauté, mais plus réelle, c'est la royauté de juillet (1).

Lorsque les ordonnances de 1830, qui confisquaient les libertés du pays, eurent soulevé l'indignation publique, tous les yeux se tournèrent avec espérance sur le duc d'Orléans, qui était à Neuilly, entouré de ses enfants, excepté le duc de Chartres, alors à Joigny, avec son régiment. Une députation vient le trouver, et lui remet l'acte par lequel les députés réunis

---

(1) Ce même appartement, après la mort du duc d'Orléans (18 novembre 1785), fut occupé d'abord par madame Élisabeth, cette sœur admirable de tendresse, de courage et de vertu.

à Paris l'appelaient à la lieutenance générale du royaume (1). Il part pour Paris, après avoir embrassé sa femme et sa sœur qui attache à sa boutonnière un ruban aux trois couleurs, et arrive au Palais-Royal. Le lendemain, les députés viennent en corps pour l'accompagner à l'hôtel de ville ; il monte à cheval, et il faisait beau le voir seul, au milieu d'une haie de glaives et de baïonnettes, traverser au pas et le chapeau à la main

---

(1) « Habitants de Paris ! la réunion des députés actuellement à Paris a pensé qu'il était urgent de prier S. A. R. monseigneur le duc d'Orléans de se rendre dans la capitale pour y exercer les fonctions de lieutenant général du royaume, et de lui exprimer le vœu de conserver les couleurs nationales. Elle a de plus senti la nécessité de s'occuper sans relâche d'assurer à la France, dans la prochaine session des chambres, toutes les garanties indispensables pour la pleine et entière exécution de la Charte.

« *Signé* : Corcelles, E. Salverte, J. Laffitte, Bérard, Benjamin Delessert, Guizot, Caumartin, H. Sébastiani, Méchin, Dupin aîné, Paixhans, baron Charles Dupin, Bertin de Vaux, Vassal, Odier, A. Gallot, Louis, Kératry, Girod de l'Ain, M. Dumas, Bignon, Baillot, Duchaffaut, Bernard de Rennes, Ternaux, Persil, Dugas-Montbel, A. Delaborde, Champlouis, Benjamin Constant, Labbey de Pompierre, Tirlet, Lobau, de Bondy, Camille Perrier, Prévot-Leygonie, Casimir Perrier, Firmin Didot, D. Schonen. »

cette foule innombrable qui se pressait autour de lui avec avidité. Arrivé à l'hôtel de ville, il est reçu par la commission municipale, il embrasse le général La Fayette et paraît avec lui sur le balcon en agitant le drapeau tricolore, en présence du peuple qui fait retentir l'air de nombreux vivat.

Dans la grande salle d'armes, M. Viennet, député, entouré de ses collègues, prononce une adresse à laquelle le lieutenant général du royaume répond : « Je déplore, comme Français, « le mal fait au pays et le sang qu'on a versé; « comme prince, je suis heureux de contribuer « au bonheur de la nation. »

Telle est la vérité sur ce qui s'est passé à l'hôtel de ville, le 31 juillet 1830; tel est dans toute sa simplicité ce fameux *programme* dont on a fait tant de bruit.

Comme prince, le duc d'Orléans était satisfait; un plaisir lui manquait encore comme père, lorsque le 4 août, le premier régiment de hussards, commandé par le duc de Chartres, arriva à la barrière du Trône, bannières tricolores déployées. Le duc d'Orléans se rend à cheval à sa rencontre, et bientôt le duc de Chartres est dans ses bras. Ce jeune prince était accouru à marches forcées. « J'aurais eu trop de regrets, di- « sait-il, si un autre régiment que le mien était

« arrivé avant moi à Paris, avec la cocarde na-
« tionale. »

Cinq jours après, Louis-Philippe Ier, roi des Français, entre ses deux fils aînés, prêtait serment devant les pairs et les députés du royaume, qui faisaient éclater de toutes parts les cris de *vive le roi !* C'est qu'ils voyaient monter sur le trône un prince éclairé par le malheur, nourri dans l'amour de la patrie et de la liberté, et entouré d'une famille qui promettait à la France un long avenir de vertus et de bonheur.

Le 30 août, les échos du Champ de Mars répétèrent les mêmes acclamations, et ce lieu, plein du souvenir des fêtes consacrées à la patrie et à la liberté, n'a pas vu de plus beau jour que celui où cent mille gardes nationaux, armés comme par enchantement, reçurent des mains de Louis-Philippe ces drapeaux où on lisait cette devise : *Liberté, ordre public :* noble devise, première pensée de cette charte dont l'image, peinte sous les traits de la Vérité par allusion à d'augustes paroles, plane du haut de la voûte resplendissante, comme pour consacrer et protéger tous ces grands souvenirs !

Tels sont les faits représentés dans les tableaux de MM. Gérard, Scheffer, Picot, Larivière, Court et Deveria.

GALERIE DE SCULPTURE,

DITE DE LOUIS XIV.

Cette galerie, également créée par Louis-Philippe, a le même caractère d'architecture et le même aspect que celle du rez-de-chaussée; elle renferme une collection de bustes et statues de personnages célèbres, depuis 1500 jusqu'en 1790. On la désigne sous le nom de Galerie de Louis XIV, parce que le grand roi y domine entouré d'un cortége de héros et de génies, et que son règne semble s'y réfléchir dans les personnages du tableau qu'en a tracé le cardinal Maury. « Ce monarque, dit-il, eut à la tête de ses armées Turenne, Condé, Luxembourg, Catinat, Créqui, Boufflers, Montesquiou, Vendôme et Villars; Duquesne, Tourville, Duguay-Trouin commandaient ses escadres; Colbert, Louvois, Torcy étaient appelés à ses conseils; Bossuet, Bourdaloue, Massillon lui annonçaient ses devoirs. Son premier sénat avait Molé et Lamoignon pour chefs, Talon et Daguesseau pour organes; Vauban fortifiait ses cidatelles; Riquet creusait ses canaux; Perrault et Mansard construisaient ses palais ; Puget, Girardon, Le Poussin, Le Sueur et Le Brun les embellissaient; Le Nôtre dessinait ses jardins; Corneille, Racine, Molière, Quinault, La Fontaine, La Bruyère, Boileau éclairaient sa raison et amusaient ses loisirs ; Montausier, Bossuet, Fénelon, Huet, Fléchier, l'abbé de Fleury élevaient ses enfants. »

Un siècle qui rend fidèle un si brillant tableau, est une de ces époques privilégiées sur lesquelles l'esprit humain ne se lasse jamais de ramener son orgueil et ses méditations!

ATTIQUE.

GALERIE DE PORTRAITS DEPUIS 1790.

Par la galerie de sculpture du premier étage, on revient à l'escalier des Princes et on monte à l'attique par l'escalier du *pavillon d'Orléans*, ainsi nommé parce qu'il était habité par le duc d'Orléans, père du roi. On entrait dans son appartement par la porte en face du palier d'en haut de l'escalier des Princes. Cette partie de l'attique de l'aile du sud (car l'autre partie a disparu lors de la construction de la galerie des Batailles) formait près *de cent pièces* qui, suivant l'état authentique des logements que nous avons consulté, étaient occupées, en 1777, par

Le duc d'Estissac,
Le duc de Gontaut,
La princesse de Chimay,
Le marquis de Lévy,
Le comte et la comtesse de Tavanne,
Le comte et la comtesse du Châtelet.

La comtesse de Tonnerre,
M. de Bassompierre,
Le duc et la duchesse de Luxembourg,
Madame de Lostange,
Le premier maître d'hôtel de *monsieur*,
Le grand écuyer, etc., etc.

Ces quatre-vingt-dix-huit pièces ont fait place à deux grandes galeries dont l'une fait face aux jardins, et l'autre à la cour de la surintendance; toutes deux sont destinées à une collection de portraits de personnages qui, depuis 1790 jusqu'à nos jours, se sont illustrés soit dans nos assemblées parlementaires, soit dans l'ordre politique ou judiciaire, soit enfin dans les sciences, dans les lettres et dans les arts.

CHAPITRE VI.

Aile du Nord.

Les premiers travaux de Mansard avaient eu pour objet d'embellir et d'agrandir le petit château de Louis XIII. Malgré la création des Grands Appartements, on ne tarda pas à s'apercevoir que cette royale demeure était trop petite pour contenir toutes les vanités qui briguaient un logement à Versailles ; il fallut l'étendre ; on construisit d'abord l'aile du sud, ce ne fut pas assez ; mais pour élever une aile parallèle du côté du nord, il fallait faire un grand sacrifice, il fallait détruire une des merveilles de Versailles, la grotte de Téthys, dont La Fontaine nous a laissé cette brillante description :

« Ici, le dieu du jour achève sa carrière ;
Le sculpteur a marqué ces longs traits de lumière,
Ces rayons dont l'éclat, dans les airs s'épanchant,
Peint d'un si riche émail les portes du couchant.

On voit aux deux côtés le peuple d'Amathonte
Préparer le chemin sur des dauphins qu'il monte.
Chaque amour à l'envi semble se réjouir
De l'approche du dieu dont Téthys va jouir;
Des troupes de zéphyrs dans les airs se promènent,
Les Tritons empressés sur les flots vont et viennent.
Le dedans de la grotte est tel, que les regards,
Incertains de leur choix, courent de toutes parts.
Tant d'ornements divers, tous capables de plaire,
Font accorder le prix, tantôt au statuaire,
Et tantôt à celui dont l'art industrieux
Des trésors d'Amphitrite a revêtu ces lieux.
La voûte et le pavé sont d'un rare assemblage :
Ces cailloux que la mer pousse sur son rivage,
Ou qu'enferme en son sein le terrestre élément,
Différents en couleur, font maint compartiment.
Au haut de six piliers d'une égale structure,
Six masques de rocaille, à grotesque figure,
Songes de l'art, démons bizarrement forgés,
Au-dessus d'une niche en face sont rangés.
De mille raretés la niche est toujours pleine :
Un triton d'un côté, de l'autre une sirène,
Ont chacun une conque en leurs mains de rocher;
Leur souffle pousse un jet qui va loin s'épancher.
Au haut de chaque niche un bassin répand l'onde :
Le masque la vomit de sa gorge profonde;
Elle retombe en nappe, et compose un tissu
Qu'un autre bassin rend sitôt qu'il l'a reçu.
Le bruit, l'éclat de l'eau, sa blancheur transparente,
D'un voile de cristal alors peu différente,
Font goûter un plaisir de cent plaisirs mêlé.

Quand l'eau cesse et qu'on voit son cristal écoulé,
La nacre et le corail en réparent l'absence :
Morceaux pétrifiés, coquillage, croissance,
Caprices infinis du hasard et des eaux,
Reparaissent aux yeux, plus brillants et plus beaux.
Dans le fond de la grotte une arcade est remplie
De marbres à qui l'art a donné de la vie.
Le dieu de ces rochers, sur une urne penché,
Goûte un morne repos, en son antre couché.
Les coursiers de Phébus, aux sanglantes narines,
Respirent l'ambroisie en des grottes voisines.
Les tritons en ont soin : l'ouvrage est si parfait,
Qu'ils semblent panteler du chemin qu'ils ont fait (1). »

Cette grotte, pratiquée dans l'emplacement où se trouve aujourd'hui le vestibule de la chapelle, disparut, et l'aile du nord, qui porta longtemps le nom d'*aile neuve*, s'éleva en 1685.

On construisit en même temps *le grand commun*, qui seul *logeait, sous clef, trois mille personnes*.

Parmi les hôtes illustres qui les premiers habitèrent l'aile du nord, on peut citer le duc de Berri, petit-fils de Louis XIV, prince doux, timide, pieux, qui mourut avec fermeté dans un âge où il est si permis de regretter la vie; le

---

(1) Ce groupe, ouvrage de Girardon, Regnaudin, Guérin, et Marsy, fait aujourd'hui l'ornement du bosquet *des bains d'Apollon*.

prince de Conti, si beau, si brillant, si aimable, qui dut à ces heureuses qualités d'être élu roi de Pologne en 1697 ; le duc et la duchesse du Maine ; le maréchal Villars (1) ; la marquise de Thianges, sœur de madame de Montespan ; et le duc de Saint-Simon, l'auteur des Mémoires (2).

La marquise de Thianges était belle, et son esprit plaisait infiniment à Louis XIV. Elle imagina un jour d'offrir à ce monarque une fête dont l'abbé Bourdelot, dans une lettre adressée à la duchesse de Sforce (fille de madame de Thianges), nous a laissé une pompeuse description. « L'ap-
« partement de madame la marquise, dit-il, se
« trouvant trop petit, elle l'avait agrandi de ceux
« de M. le duc du Maine et de M. le cardinal de

---

(1) « Villars revint de l'armée triomphant ; le roi voulut qu'il vînt, et qu'il demeurât à Versailles, pour que Maréchal, son premier chirurgien, ne perdît pas de vue sa blessure, et il lui prêta le bel appartement de M. le prince de Conty, qui était dans la galerie basse de l'aile neuve, parce qu'il n'avait qu'un fort petit logement, tout au haut du château, où il eût été difficile de le porter. »   (SAINT-SIMON. 1709.)

(2) « Mon logement était dans la galerie haute de l'aile neuve, qu'il n'y avait presque qu'à traverser pour être dans l'appartement de M. et madame la duchesse de Berri, qui, ce soir-là, devaient donner à souper chez eux à M. et madame la duchesse d'Orléans, et à quelques dames. »
(SAINT-SIMON. 1711.)

« Bouillon ; il y avait une longue enfilade de
« salles toutes superbement parées, avec une
« prodigieuse quantité de lustres et girandoles.
« La grande salle pour le bal était bordée d'am-
« phithéâtres de fleurs. Leurs Majestés vinrent
« sur les dix heures, et le bal commença. Le dau-
« phin, la dauphine, les princes, les princesses
« et la jeunesse de la cour représentaient une
« noce de village. Les assistants étaient tous dé-
« guisés ; il y avait des habits de toutes les na-
« tions, de toutes les conditions, de tous les
« temps. Madame de Thianges ne se masqua
« point, non plus que madame de Nevers (1), qui
« lui aidait à faire les honneurs de la fête, et qui
« dans son habit ordinaire ne laissa pas d'avoir
« ce soir-là, comme toujours, des grâces parti-
« culières. »

Madame de Thianges avait aussi fait des frais
d'esprit pour égayer cette brillante soirée ; elle
avait composé un impromptu, intitulé : *Les Appartements.* C'était une critique fine, quelque-

---

(1) Elle était l'objet des vœux et des soins de Henri-Jules
de Bourbon, fils du grand Condé, seigneur galant et magnifique. Le duc de Nevers en devint jaloux, et un soir, en sortant du bal, pour soustraire sa femme aux assiduités du prince,
il dit à son cocher : « A Rome ; » et, en effet, il l'emmena au
delà des Alpes.

8...

fois hardie, des originaux qui venaient étaler leurs ridicules dans les appartements de Versailles; elle les avait représentés sous les traits et dans le costume des principaux personnages des comédies de Molière. Le *bourgeois gentilhomme* était dupé par le marquis emprunteur; le *misanthrope* gourmandait les courtisans *qui ne sentaient pas assez ce que le roi faisait pour eux, en les associant à ses plaisirs, à sa gloire, à son bonheur;* la comtesse d'*Escarbagnas* se moquait d'un Flamand jaloux qu'elle avait épousé; le *malade imaginaire* se disputait avec M. *Purgon*, pour un verre d'eau de Grenade; *Arlequin* prodiguait ses lazzis; enfin *Trissotin, sortant des appartements dans un silence d'enthousiasme, récitait ce sonnet que les dames trouvaient plus beau que celui de la princesse Uranie :*

« Dans cet appartement logent mille merveilles;
La voûte est d'un fin or en bosse relevé;
D'un jaspe somptueux est le riche pavé.
Tout est riant aux yeux et friand aux oreilles.

La grâce et la beauté se disputent d'attraits;
La danse aux pieds légers, la savante musique
Pour leur galant séjour ont choisi ce palais,
Et le docte partout est joint au magnifique.

Pour chanter dignement leur éclat sans pareil,
Que ne puis-je emprunter la lyre du soleil,
Quand pour donner le jour il sort du sein de l'onde?

> Toutefois, quelque éclat qui brille en ces beaux lieux,
> Un coin dans *votre cœur*, Iris, vaut à mes yeux
> Tous *les appartements* du monde. »

Les rôles étaient joués par les principaux seigneurs de la cour ; Racine et Boileau, qui assistaient à ce spectacle, rirent beaucoup de cette joyeuse parodie, dans laquelle l'esprit caustique de madame de Thianges s'était servi du manteau de Molière, pour *habiller* certains courtisans qu'il était facile alors de reconnaître sous la malignité de ses allusions (1).

La duchesse du Maine aimait aussi à donner des bals masqués ; en 1702, elle en donna un dans sa chambre, pendant lequel elle *se tint dans son lit, à cause de sa grossesse*.

On vit succéder à ces hôtes illustres dans l'aile du nord, la princesse de Modène, fille du régent, qui répétait sans cesse en Italie « Que je « m'ennuie ! » et qui vint finir doucement ses jours dans cette France qu'elle n'avait pu oublier ; le prince de Conti, le vainqueur de Coni, qui fut brave sur le champ de bataille, loyal et ferme à la cour, et qui mourut au Temple dans une honorable disgrâce, le 2 juillet 1776 ;

---

(1) Madame de Thianges mourut en 1693, dans l'appartement qu'avait occupé madame de Montespan.

mademoiselle de Sens, fille du duc de Bourbon, jolie et spirituelle convive des petits soupers de la comtesse de Toulouse; et le comte d'Eu, fils du duc du Maine, qui se distingua à la bataille de Dettingen, et mourut en 1775.

REZ-DE-CHAUSSÉE.

GALERIE DE L'HISTOIRE DE FRANCE

Après avoir traversé le vestibule de la chapelle où, à la place d'Alexandre visitant Diogène, on voit aujourd'hui un bas-relief représentant *Louis XIV couronné par la Victoire*, on entre dans onze pièces de plain-pied qui donnent sur le jardin. Ce rez-de-chaussée était autrefois partagé par un escalier qui aboutissait au premier étage, dans la galerie de sculpture, à l'endroit où l'on voit aujourd'hui le tombeau de Mazarin.

Les premières pièces, avant l'escalier, formaient en 1789, l'appartement du prince de Condé, Louis-Joseph de Bourbon, qui commanda les émigrés et vint mourir à Paris, le 13 mai 1818; l'appartement au delà de l'escalier était celui du prince de Conti, celui dont le duc de Montpensier parle dans ses mémoires, qui partagea, dans les prisons de Marseille. la captivité de la famille d'Orléans, en 1793, et mourut à Barcelone sans avoir revu la France.

Dans la première salle, on remarque Clovis recevant les saintes eaux du baptême; le large front de Charlemagne enfantant les Capitulaires et l'Université; et saint Louis choisi, en 1255, pour médiateur entre Henri d'Angleterre et les barons de son royaume.

Dans la seconde, c'est le plus bel hommage rendu au courage et à la loyauté; ce sont les Anglais à Randan, venant déposer les clefs de la forteresse sur le cercueil de Duguesclin, et mêler leurs larmes à celles des Français. Clisson héritera de son épée de connétable, qui ne se rapetissera pas dans sa vaillante main.

Dans la troisième, on admire la clémence de Louis XII.

Dans la quatrième, on gémit de voir tomber dans les champs de Ravennes tant d'espérances avec Gaston de Foix. Plus loin, c'est Henri III fondant, le 1er janvier 1579, l'ordre du Saint-Esprit, dont le but politique était de détacher les grands seigneurs du parti protestant pour les ramener au parti de la cour (1); c'est

(1) Le livre sur lequel signèrent les premiers chevaliers de l'ordre du Saint-Esprit, au nombre de vingt-sept, existe à la bibliothèque du Louvre; tous les chevaliers, reçus depuis 1579 jusqu'en 1789, y ont également apposé leur signature.

Henri IV, toujours bon et magnanime; le cardinal de Richelieu, en habits de guerre, sous les murs de Pignerol, en 1630; Louis XIV faisant son entrée à Arras, en 1667, avec Marie-Thérèse, et se plaignant sur les bords du Rhin, en 1672, de *sa grandeur qui l'attache au rivage.*

On s'arrête dans la huitième salle pour contempler Turenne, qui *meurt enseveli dans sa gloire ;* on remercie l'auteur du tableau de *Dangeau reçu par Louis XIV grand maître de l'ordre de Saint-Lazare*, de nous avoir conservé la représentation fidèle de l'ancienne chapelle qu'a remplacée le salon d'Hercule; et, parmi les plénipotentiaires du congrès de Rastadt, en 1714, on retrouve avec intérêt, à côté l'un de l'autre, le maréchal de Villars et le prince Eugène, qui, deux ans auparavant, s'étaient mesurés avec leurs épées dans les plaines de Denain.

Dans la neuvième, la réception de Méhémet Effendi, en 1721, attire l'attention par l'originalité des costumes et par le concours immense de curieux qui se pressent pour entrevoir l'ambassadeur turc.

Enfin, dans la dernière pièce de ce rez-de-chaussée, on retrouve avec plaisir cette bataille de Lawfeldt, où le maréchal de Saxe rajeunit les lauriers de Fontenoy; et on sent se changer en regrets les vœux qui accompagnaient l'infortuné La Pérouse recevant les instructions de Louis XVI.

Il est inutile de faire observer que ce n'est là qu'une esquisse légère, imparfaite, fugitive, des nombreux tableaux et des médaillons historiques qui tapissent ces murailles vivantes. On remarquera que, parmi ces souvenirs, on n'en rencontre aucun qui rappelle nos guerres ou nos discordes civiles ; le roi a soigneusement écarté toutes les scènes, quelque glorieuses qu'elles aient été en particulier pour certains hommes, où le sang français avait coulé sous le glaive français.

GALERIE DES STATUES ET TOMBEAUX DES ROIS DE FRANCE.

Une voix s'est fait entendre sous les voûtes de Saint-Denis; elle a dit aux rois couchés dans leurs tombeaux : « Levez-vous et marchez : venez dans le palais de Louis XIV, mêler la majesté du trône à la majesté des gloires de la France; » et ils se sont levés, et ils sont venus, le sceptre en main et la couronne sur la tête, prendre, dans cette royale galerie, la place qu'ils ont occupée dans l'histoire.

On y voit tous nos rois depuis Clovis jusqu'au fils de François Ier; et, à côté d'eux, plusieurs reines et princesses, entre autres cette Blanche de Castille, mère si tendre, femme si vertueuse, régente si habile et si sage, et cette Valentine de Milan, dont les pieuses larmes demandèrent vainement à la justice du roi une vengeance qu'elles ne devaient obtenir que de la hache de Tanneguy !

PREMIER ÉTAGE.

LA CHAPELLE.

Il y a eu trois chapelles dans le palais de Versailles; la première, sous Louis XIII, était dans l'aile gauche du vieux château, à côté de l'escalier de marbre, comme nous l'avons expliqué plus haut;

La seconde était dans l'emplacement devenu le salon d'Hercule;

La troisième est celle que l'on voit aujourd'hui. Commencée en 1699, elle ne fut complétement achevée qu'en 1710. Louis XIV, et par conséquent toute sa cour, la trouvèrent admirable; Saint-Simon seul ne partagea pas cet enthousiasme. « Cette belle chapelle, dit-il, qui
« a tant coûté de millions et d'années, si mal
« proportionnée, qui semble vouloir écraser le
« château, n'a été faite ainsi que par artifice.
« Mansard ne compta les proportions que des
« tribunes, parce que le roi ne devait presque

« jamais y aller en bas, et il fit exprès cet hor-
« rible exhaussement par-dessus le château,
« pour forcer par cette difformité à élever tout
« le château d'un étage ; et sans la guerre qui
« arriva, pendant laquelle il mourut, cela se se-
« rait fait. »

Il fallait bénir la nouvelle chapelle. Cette cérémonie devint le sujet d'un schisme entre le cardinal de Janson, grand aumônier, et le cardinal de Noailles, archevêque de Paris. Le premier revendiquait cet honneur comme un droit de sa charge ; le second alléguait qu'il avait officié avec sa croix, devant le roi, dans la chapelle : madame de Maintenon plaida pour lui ; le cardinal de Noailles fut préféré ; il bénit la chapelle le 5 juin 1710.

Par lettres patentes d'avril 1682, Louis XIV avait institué, pour desservir la chapelle d'alors, quatorze missionnaires avec un traitement de 300 livres chacun par an, à prendre sur le domaine de Versailles. Le nombre de ces missionnaires fut porté à vingt et un après l'établissement de la nouvelle chapelle. « Ils devront tous
« les jours chanter le *Domine salvum* et célébrer
« une grand'messe, afin qu'ils ne cessent de lever
« les mains au ciel, tandis que nous partageons
« nos soins entre l'administration de la justice
« et la défense de nos sujets, et de répandre dans

« notre cour la bonne odeur de l'exemple et de la
« piété chrétienne. » Ainsi s'exprimait l'acte d'établissement de la chapelle de Versailles (1).

Louis XIV allait tous les jours à la messe, et il tenait à ce que toute sa famille et les principaux personnages de sa cour remplissent régulièrement ce devoir. Il réprimandait ceux d'entre eux qui ne s'y conduisaient pas avec décence; et il approuva le curé qui refusa de baptiser l'enfant du concierge que la duchesse de Bourgogne devait tenir, parce que cette princesse était venue en habit de chasse, avec un justaucorps et une perruque (2).

La quête se faisait toujours par une dame de la cour désignée par la reine, ou, à son défaut, par la dauphine.

Cette chapelle fut témoin, en 1710, du mariage du duc de Berri, petit-fils de Louis XIV, avec *Mademoiselle*, fille du régent : « Les tri-
« bunes étaient magnifiquement remplies. Après
« la messe, le curé apporta son registre sur le
« prie-Dieu du roi où il signa et les seules per-
« sonnes royales, mais aucun prince ni princesse
« du sang, sinon les enfants du duc d'Orléans.
« Les mariés dînèrent chez la duchesse de Bour-

---

(1) Manuscrit de la bibliothèque du roi.
(2) Dangeau.

« gogne, qui tint après jusqu'au soir un grand
« jeu dans le salon qui joint la galerie à son
« appartement, où toute la cour abonda.... Le
« roi soupa dans la pièce qui a un œil-de-bœuf,
« joignant la chambre, sur une table à fer à che-
« val, où ils allèrent se mettre quelques instants
« après. Ils étaient vingt-huit rangés en leur rang,
« à droite et à gauche, le roi seul au milieu,
« dans son fauteuil avec son cadenas. Au sortir de
« la table, le roi alla dans l'aile neuve à l'appar-
« tement des mariés. Toute la cour, hommes et
« femmes, l'attendait en haie dans la galerie, et
« l'y suivait avec tout ce qui avait été du souper.
« Le cardinal de Janson fit la bénédiction du
« lit, et le roi donna la chemise à M. le duc de
« Berry (1). »

C'est aussi dans cette chapelle que fut baptisé, la même année, le fils du régent, Louis d'Orléans, prince dévot, charitable et savant, qui légua sa bibliothèque à l'abbaye de Sainte-Geneviève, aujourd'hui le collège de Henri IV, où ses arrière-petits-fils suivent le cours de leurs études et jouissent des bienfaits de l'éducation publique.

En 1724, Louis XV fit dans cette chapelle une grande promotion de chevaliers de l'ordre

---

(1) Mémoires de Saint-Simon.

du Saint-Esprit; il y eut trois cardinaux, trois évêques et cinquante-deux chevaliers:

« On a fait des échafauds dans les bas côtés de la chapelle et de la tribune, on a défait la balustrade du côté de l'évangile pour passer les manteaux qu'on avoit mis derrière l'autel sur des tables, depuis l'autel de Saint-Philippe jusqu'à celui de Saint-Charles. On a fait deux trosnes; un au milieu du bas de la chapelle sous la tribune du roy, et le deuxième au coin de l'évangile.

« Cette cérémonie s'est faite le samedy 3 juin, veille de la Pentecoste : après le dîné du roy on a tenu le chapitre, après lequel on est venu deux à deux sur un pont de bois qu'on avoit dressé depuis l'escalier de marbre jusqu'à la chapelle.

« D'abord ont paru les six hérauts de roy revêtus de leurs habits de cérémonie faits en façon de dalmatiques; ensuite les hérauts de l'ordre, puis l'huissier portant la masse, ensuite trois officiers sur une même ligne, savoir : M. de Breteuil, maître des cérémonies; M. Dodun, trésorier, à la droite; M. de Maurepas, secrétaire, à sa gauche; après eux, M. de Pompone, chancelier, tous revêtus du grand habit de l'ordre, qui ont fait leur révérence à l'autel, puis au trosne du roy.

« On n'entroit dans la chapelle qu'avec un billet du capitaine des gardes. Les officiers de l'ordre ont fourni trois garnitures de cierges pour le grand autel, trois pour les lampes, douze bougies pour les girandoles, et une livre de bougie, le tout pesant 101 livres dont nous avons eu les restes. Et les Augustins ont eu l'offrande des chevaliers, qui étoit d'un cierge à poignée de trois quarts, avec un demy louis de dix livres. Ils étoient cinquante-sept, et le roy donna quinze demy louis. Le lendemain de la Pentecoste, au service deux louis, c'est ce qu'ils ont eu icy, et chaque chevalier nouveau leur a dû donner trente livres (1). »

Cette chapelle fut témoin, sous ce règne, de plusieurs mariages illustres. Le 25 août 1739, Louise-Élisabeth de France, fille de Louis XV, y épousa l'infant Don Philippe, fils de Philippe V, représenté par le duc d'Orléans; le 23 février 1745, le cardinal de Rohan y donna la bénédiction nuptiale à Louis de France, fils de Louis XV, et à Marie-Thérèse-Antoinette, infante d'Espagne, fille de Philippe V; et deux ans après, le même prince y épousa Marie-Josèphe de Saxe, fille de Frédéric-Auguste II, roi de Pologne; le 16 mai 1770, Marie-Antoinette, dans tout l'éclat de la jeunesse, de la beauté et de la

(1) Extrait du règlement pour la chapelle de Versailles.
(Manuscrit de la bibliothèque du roi.)

puissance, y reçut une main trop faible pour soutenir le poids d'un sceptre ; le 5 avril 1769, Louis-Philippe-Joseph, duc d'Orléans, s'unit à Louise-Marie-Adélaïde de Bourbon, fille du duc de Penthièvre; et l'on raconte que pour recevoir la bénédiction nuptiale, il ne s'était point placé au côté de l'autel où il devait être. On lui en fit l'observation ; aussitôt, il sauta légèrement par-dessus la queue de la robe de la mariée pour se placer de l'autre côté. Cette étourderie de jeunesse étonna la gravité de la cour, et les vieux courtisans murmurèrent de cet attentat aux règles de l'étiquette ; enfin, le 21 août 1775, Marie-Adélaïde-Clotilde de France, fille de Louis de France, dauphin, fils de Louis XV, épousa dans cette même chapelle Charles-Emmanuel IV, roi de Sardaigne, représenté par *Monsieur*. Cette princesse était dans son enfance d'une si énorme grosseur, que le peuple lui avait donné le sobriquet de *Gros-madame*.

Cette chapelle a, à l'extérieur, 135 pieds de longueur ; à l'intérieur, 105 pieds depuis la porte jusqu'à l'autel. Sa largeur extérieure est de 69 pieds; intérieure, de 55 pieds ; elle a 79 pieds de hauteur.

Tous les arts ont été conviés à l'embellir. L'architecture extérieure est couronnée par une corniche corinthienne, au-dessus de laquelle

AILE DU NORD.   297

règne une balustrade. Les pilastres qui en soutiennent les travées servent de socle à vingt-huit statues de pierre.

Saint Thomas............ par	Manière.
Saint Jacques le majeur....	Théodore.
Saint Jacques le mineur....	Manière.
Saint André.............	Théodore.
Saint Paul..............	Poirier.
Saint Pierre............	id.
Saint Jérôme...........	Coustou.
Saint Augustin..........	id.
Saint Grégoire..........	Le Pautre.
Saint Ambroise.........	id.
Saint Luc..............	Vauclève.
Saint Matthieu.........	id.
Saint Marc.............	id.
Saint Jean.............	id.
Saint Basile............	Poultier.
Saint Anasthase........	id.
Saint Chrysostôme......	Flamen.
Saint Grégoire de Naziance.	Hurtrel.
Saint Philippe..........	Flamen.
Saint Barthélemi........	
La Foi................	Slodz.
La Justice.............	Garnier
La Charité.............	Lorrain.
La Religion............	Barrois.
Saint Simon...........	Lemoine.
Saint Jude............	id.
Saint Barnabé.........	Bourdy.
Saint Mathias.........	Lapierre.

La décoration intérieure de la chapelle offre un ensemble merveilleux; le maître-autel est de marbre et de bronze doré. Sur les archivoltes des arcades de la nef, il y a des bas-reliefs dont le sujet est pris de la passion de J. C. Le premier à main droite en entrant, représente Jésus chez Hérode; le premier à main gauche, le couronnement d'épines.

Dans la *chapelle du Saint-Sacrement*, on voit un grand tableau de Sylvestre, représentant J. C. qui va faire la pâque avec ses disciples; dans la *chapelle de Saint-Louis*, la bataille de Massour où saint Louis, vainqueur, prit un soin si touchant des blessés.

La tribune du roi est en face du grand autel. On y avait pratiqué de chaque côté une lanterne pour prier avec plus de recueillement; ces lanternes, qu'on fermait l'hiver avec des châssis en glaces, servirent d'abord à Louis XIV et à madame de Maintenon.

Les *tribunes de pourtour* sont décorées de seize colonnes d'ordre corinthien, d'une élégance et d'une légèreté admirables.

Sur les archivoltes de chacun des vitraux, il y a deux *Vertus* :

1re croisée. { La Charité, allaitant un enfant.
{ La Religion, une croix à la main.

AILE DU NORD.

2e
: La Prudence, avec un miroir.
La Justice, avec des balances.

3e
: La Discrétion, avec un cachet.
La Patience, avec un joug.

4e
: L'Humilité, une couronne à ses pieds.
La Sagesse, avec des ailes d'ange.

5e
: La Modération, avec un mors.
La Mortification, une discipline à la main.

6e
: La Libéralité, avec la corne d'abondance.
Le Zèle, tenant un livre.

7e
: La Clémence, appuyée sur un lion.
La Miséricorde, avec une branche d'olivier.

8e
: La Vigilance, avec une lampe.
L'Éternité, ayant pour emblème un serpent qui se mord la queue.

9e
: L'adoration, avec un encensoir.
La Contemplation, les yeux vers le ciel.

10e
: La Piété, avec des raisins, du blé, des médailles.
L'Obéissance, un frein sur les épaules.

11e
: La Modestie, sous un voile.
La Pureté, tenant un tamis d'où sort de l'eau.

12e
: La Tempérance : un vase renversé est auprès d'elle.
La Force, tenant un rameau de chêne.

13e
: L'Espérance, avec son ancre.
La Foi : elle porte un calice avec une hostie.

Les peintures des tribunes sont dans l'ordre ci-après, en commençant par la tribune à main droite en entrant :

1° Les Apôtres, par Boulogne ainé et par Boulogne jeune.

2° Le ravissement de saint Paul, par Boulogne aîné.

3° Dans le plafond au-dessus de l'orgue, un concert de musique céleste. Un ange tient une banderole, sur laquelle on lit *Domine, salvum fac regem*.

4° Dans le plafond qui suit, saint Pierre, vêtu de bleu et de jaune, et tenant une de ses clefs à la main.

5° Dans le plafond triangulaire, trois anges répandant des fleurs.

6° Dans le plafond qui suit, le martyre de saint André, à demi couché sur sa croix, et levant les yeux au ciel, et la vocation de saint Philippe à l'apostolat.

7° Dans la tribune au-dessus de la chapelle de la Vierge, saint Simon le Cananéen, soutenu par des anges ; il montre, d'une main, la scie qui coupa son corps en deux; de l'autre, le ciel qui l'attend.

8° Saint Mathias à genoux sur des nuages, et portant la lance dont il a été percé.

9° Dans le dernier plafond, saint Thomas présentant la hache, instrument de son martyre.

Dans la *chapelle de la Vierge*, on admire une *Assomption*, par Boulogne le jeune. Le même peintre a représenté dans l'arcade au-dessus de l'autel, l'*amour divin* ; dans l'arcade à droite de l'autel, la *Pureté* ; dans la troisième arcade, l'*Humilité* ; enfin, sur l'autel même, l'*Annonciation* : c'est le moment où Marie répond à l'ange Gabriel : *Ecce ancilla Domini!*

On remarque dans la *chapelle de Sainte-Thé-*

rèse, auprès de celle de la Vierge, l'extase de cette sainte, par Santerre.

La majesté de Dieu se révèle dans les peintures de la voûte, que remplit le beau tableau de Coypel, représentant *le Père Éternel dans sa gloire avec J. C. et le Saint-Esprit.*

Dans les trumeaux de l'attique, on voit les douze prophètes, six de chaque côté :

A droite....	Malachie.	A gauche...	Zacharie.
	Joël.		Michée.
	Jacob.		Abraham.
	David.		Moïse.
	Jérémie		Isaïe
	Aggée.		Daniel.

Quatre bas-reliefs représentant les quatre évangélistes ornent encore la voûte principale, aux extrémités de laquelle on voit, du côté de la tribune du roi, la grande figure de Charlemagne ; du côté du sanctuaire, la pieuse image de saint Louis.

Lafosse a peint dans la voûte du chevet la résurrection de Jésus-Christ ; enfin, la descente du Saint-Esprit, peinte par Jouvenet, occupe toute la voûte qui est au-dessus de la tribune du roi.

Le torrent révolutionnaire, lors même qu'il roulait dans ses flots l'athéisme et l'impiété, a respecté ce temple où tout parle de la grandeur de Dieu, où tout retrace les magnificences du ciel. Le roi Louis-Philippe s'est donc borné à faire restaurer les dorures, et à doter la chapelle du saint mobilier nécessaire à l'exercice du culte. Sa Majesté a en outre fait placer des deux côtés du maître-autel, les statues en marbre de Louis XIII et de Louis XIV, mettant la France sous la protection de la Vierge.

DEUXIÈME GALERIE DE L'HISTOIRE DE FRANCE.

Cette longue suite d'appartements sur le jardin était autrefois habitée par les enfants d'Artois, les ducs d'Angoulême et de Berri, et par le prince de Poix, leur gouverneur. C'est dans la première pièce, à côté du vestibule de la chapelle, que le 15 août 1785, M. d'Agoult, major de cour, arrêta, dans ses habits sacerdotaux, le cardinal de Rohan, si fameux par le scandale de l'affaire du collier (1).

On admire aujourd'hui dans cette même pièce le tableau que les artistes ont proclamé le chef-d'œuvre de Gros, *la Peste de Jaffa ;* production sublime dont le souvenir aurait dû protéger les dernières années de ce grand artiste contre ces chenilles de la critique qui se traînent partout où il y a un laurier à ronger ou à flétrir.

Dans la seconde pièce, le camp de Boulogne se déploie sous nos regards ; Napoléon est là, et sa pensée, fixée sur l'Angleterre, rêve la gloire de Guillaume le Conquérant ! Mais sa destinée

(1) Voir les Mémoires de madame Campan, tome II.

l'entraîne sous le ciel de l'Allemagne, et sa main victorieuse s'empare de l'épée du grand Frédéric; il visite le tombeau de ce monarque qui fut à la fois législateur et philosophe, historien et poëte, soldat et général. Quel spectacle que le vainqueur d'Iéna devant l'ombre du vainqueur de Rosbach! O toute-puissance d'un grand homme! Frédéric meurt, et la Prusse n'est plus; Napoléon paraît, et la France renaît plus glorieuse et plus belle!.... Mais lui aussi repose aujourd'hui dans la tombe, et cette tombe est un abîme de méditations.

Dans la quatrième salle, on aime à voir briller sur le front cicatrisé des invalides recevant en 1808 la croix des mains de l'Empereur, ce rayon d'honneur et de joie; et l'on se chauffe au bivouac de Wagram, dont les feux ne sont que le prélude du vaste incendie qu'allumeront le lendemain sur le champ de bataille trois cent mille coups de canon. Plus loin, on admire sous les murs de Ratisbonne, le sang-froid de Napoléon, remontant à cheval sans laisser à son chirurgien le temps de panser sa blessure; et l'intrépidité d'un de ses lieutenants dans l'île de Lobau, dont le nom est devenu pour lui un titre d'honneur et de gloire.

Une fille des Césars est montée sur le trône, et, depuis ce jour, l'étoile du nouveau Charlemagne a pâli de jour en jour; c'est en vain qu'il cherche à la ranimer au feu de Hanau et de Montmirail. Son épée tombe de sa main, non pas vaincue, mais fatiguée de gloire; et sa couronne passe au front des Bourbons. L'aigle s'est reposé dans l'île d'Elbe; il fond de nouveau sur le palais des Tuileries, et puis il disparaît sans retour pour aller mourir sur le rocher de Sainte-Hélène :

> « Soldats français, tressez sa couronne funèbre;
> Dépouillez de leurs fleurs le Borysthène et l'Ebre,
>   Le Tage et l'Éridan;
> Appelez en tribut l'Égypte et la Syrie,
> Unissez au laurier qui croit dans l'Illyrie
>   Les palmes du Liban.
>
> « Quelle foule au désert court en pèlerinage?
> Gloire, gloire au héros! sa tombe est l'héritage
>   Des siècles à venir.
> Que de jeunes guerriers, remplis de sa mémoire,
> Iront devant son ombre étudier la gloire
>   Et rêver l'avenir (1)! »

Le portrait de Louis XVIII, par Gérard; la prise du Trocadero, de Paul de Laroche; le grand tableau du sacre de Charles X, par Gérard; et la

---

(1) Extrait d'une Épitre de l'auteur sur la mort de Napoléon. 1824.

conquête d'Alger, se font remarquer dans les salles 8 et 9. La dernière est pleine de souvenirs de 1830 ; c'est Louis-Philippe signant ce beau programme de son règne : « *la Charte sera désormais une vérité ;* » c'est la reine Amélie avec madame Adélaïde visitant l'Hôtel-Dieu, et laissant de généreuses et douces consolations dans cet asile de douleur ; c'est le duc d'Orléans, à Anvers, auprès du maréchal Gérard vainqueur des Hollandais ; à Mascara, auprès du maréchal Clausel vainqueur des Arabes.

Nous n'avons fait qu'esquisser à traits rapides cette grande galerie historique ; il faudrait un volume pour retracer en détail tous les souvenirs qu'elle renferme.

DEUXIÈME GALERIE DES STATUES
ET TOMBEAUX DES ROIS DE FRANCE.

Cette seconde galerie a le même caractère que celle du rez-de-chaussée; on y voit l'image des rois et princes de la maison de France, depuis Henri II jusqu'à Louis XVI. Nous ne nous étendrons pas sur ce sujet, parce que nous l'avons déjà traité en parlant, dans le corps central, de la *salle des rois*. Nous nous bornerons à faire remarquer le beau mausolée du cardinal Mazarin, et deux autres tombeaux que la piété fraternelle y a fait placer, sur le modèle de ceux qui existent, l'un à Westminster, celui du duc de Montpensier; l'autre à Malte, celui du comte de Beaujolais.

Le duc de Montpensier, après s'être distingué à la bataille de Jemmapes, où il mérita les éloges publics de Kellermann, fut enfermé avec son père et son frère à Marseille (1); devenu libre, il

(1) Ce prince a tracé les détails de sa longue captivité dans des *Mémoires* qui ont été publiés, et qui sont écrits avec charme et intérêt.

passa en Amérique, où il retrouva le duc d'Orléans son frère, et revint mourir en Angleterre, le 18 mai 1807.

Voici l'épitaphe placée sur son tombeau : elle a été composée par le général Dumouriez :

« Princeps illustrissimus et serenissimus
Antonius Philippus, dux de Montpensier,
Regibus oriundus,
Ducis Aurelianensis filius natu secundus,
A tenerâ juventute
In armis strenuus,
In vinculis indomitus,
In adversis rebus non fractus,
In secundis non elatus,
Artium liberalium cultor assiduus,
Urbanus, jucundus, omnibus comis ;
Fratribus, propinquis, amicis, patriæ,
Nunquam non defendus,
Utcunque fortunæ vicissitudinem
Exceptus,
Liberali tamen Anglorum hospitalitate
Expertus,
Hoc demùm in regum asylo
Requiescit. »

Le comte de Beaujolais était d'une charmante figure et d'un heureux naturel ; il avait quelque chose de cette étourderie entreprenante qui caractérise les Français. Un jour (c'était l'époque où le premier consul méditait une descente en Angleterre) il lui prit fantaisie de visiter de près le camp de Boulogne ; il s'embarqua sur une corvette qui devait aller reconnaître les côtes, essuya le feu des batteries françaises, et revit ainsi pour un moment les rivages de cette patrie dans laquelle il n'a pas eu le bonheur de revenir; il mourut à Malte, le 30 mai 1808, à l'âge de vingt-huit ans.

Au milieu de cette galerie de sculpture, en face du tombeau de Mazarin, se trouve l'ancien *pavillon de Noailles*. Grâces aux grands travaux ordonnés par le roi Louis-Philippe, et exécutés par M. Nepveu, son architecte, ce pavillon est devenu une dépendance naturelle des salles déjà si nombreuses consacrées à cette vaste collection de tableaux ; c'est là que seront placés ceux destinés à continuer la série historique qui date de 1830.

Mais pourquoi la foule se presse-t-elle devant la statue de Jeanne d'Arc? Est-ce pour rendre hommage à la vierge guerrière qui chassa les Anglais ? est-ce pour admirer l'élégante chasteté de ce marbre où l'envoyée de Dieu revit si pure et si inspirée? Je ne sais ; mais j'entends murmurer autour de moi que cette statue cache un royal mystère.... Respect à l'auguste nom qui se dérobe à l'admiration publique! honneur au jeune talent qui se révèle par un chef-d'œuvre !

ATTIQUE.

GALERIES DE PORTRAITS JUSQU'EN 1792.

Dans le premier chapitre de ce livre, nous avons expliqué ce qu'était cette immense collection de portraits qui couvre les murs du second étage disposé tout entier pour la recevoir par les soins de Louis-Philippe. « C'est une collection
« de personnages illustres de tous les temps, de
« tous les pays; c'est la représentation univer-
« selle de tout ce qui a brillé sur la terre, de tout
« ce qui a honoré l'humanité, de tout ce qui a
« fixé l'attention de l'histoire. »

On y a joint une collection générale des médailles françaises.

Ce sera, pour l'historien comme pour l'artiste, une mine féconde, inépuisable; c'est l'histoire des arts en même temps que l'histoire du monde; il y a des portraits de tous les âges et de toutes les écoles; on assiste à la marche des siècles; ils apparaissent tour à tour avec leurs costumes, leurs usages, leurs ridicules, leurs progrès, leurs célébrités; en un mot, cette précieuse galerie pourrait à elle seule devenir le sujet d'un grand et bel ouvrage, en dehors des limites que nous nous sommes imposées pour le livre que nous publions.

Nous nous contenterons de présenter quelques courtes observations qui ne seront pas sans intérêt.

Cette collection se compose en grande partie de portraits originaux.

Dans la première salle, est le portrait de saint Louis de Sicile, issu de la branche d'Anjou, qui fut cordelier, puis évêque de Toulouse, né en 1275, mort en 1298. Riche peinture, dont les ornements, à la manière du temps, sont en relief et rehaussés d'or, exécutée à la manière du Giotto, et que l'on pourrait sans trop d'erreur attribuer à ce maître, né en 1276, et mort en 1326.

Le Giotto n'aura exécuté le portrait de saint Louis qu'après sa canonisation; car, à cette époque, la peinture, essentiellement religieuse, ne consacrait ses pinceaux qu'au culte et à la décoration des églises, et ne perpétuait le souvenir que de ceux qui, par leur vertu et leur piété, avaient conquis la vie éternelle, et pouvaient être dévoués à la prière et à l'intercession des âmes pieuses.

Saint Louis fut canonisé par le pape Jean XXIII, en 1317; son corps fut alors levé de terre, et déposé dans une châsse d'argent, en 1339. Le portrait dont il est ici question date de cette époque, et peut avoir orné la châsse qui contient le corps de ce saint. On ne peut affirmer l'authenticité de la ressemblance; il est même probable que le Giotto l'aura exécuté d'imagination, et que, comme les saints et les madones des églises, il n'est qu'une vérité religieuse ou de culte. Ce monument, à notre époque, est donc plutôt une page de l'histoire de l'art au treizième siècle, qu'un document historique.

Dans la même salle est placé l'un des plus anciens monuments historiques de la peinture en France : c'est le tableau de la famille des Ursins, où tous les personnages, au nombre de treize, y sont représentés *d'après nature*, et rangés en file selon l'ordre de leur naissance, dans une chapelle dont les voûtes sont ornées de dorures, avec une inscription au-dessous de chacun d'eux, indiquant leurs noms et leur profession. Le premier est Jean Juvénal, conseiller au Châtelet et chancelier de Louis, dauphin, duc d'Aquitaine; mort en 1431.

Ce tableau a été déjà exposé dans le musée des monuments français; et M. Lenoir, dans son catalogue, le classe avec les monuments du règne de Charles VI. Il en attribue l'exécution à Jacquemin Gringonneur, peintre cité dans le compte présenté, en 1392, par Charles Poupart, pour avoir fourni à Charles VI « *trois jeux* « *de cartes à or et à diverses couleurs, de plu-* « *sieurs devises, et qui lui furent payés* 56 *sols* « *parisiens.* »

Sans discuter le nom du maître qui a pu composer cette œuvre historique, exécutée à la manière de Martin Schoen, et ôter un nom équivoque pour en placer un autre incertain, l'on peut avec certitude avancer de plusieurs années l'époque de ce tableau, et le classer parmi les curiosités du règne de Charles VII, en plaçant la date de son exécution vers 1450, car il n'a pu être exécuté qu'après la mort de Juvénal des Ursins, arrivée en 1431, puisqu'il nous représente sa femme, Michelle de Vitry, en costume de veuve; d'ailleurs le dernier des enfants qu'on y voit, *Jacques Juvénal des Ursins*, archevêque et duc de Reims, y est représenté avec les insignes de sa dignité, comme le dit son inscription, et dont il ne fut revêtu qu'en 1444.

On peut donc, sans craindre d'erreur, placer la date de ce tableau vers 1450.

L'un des fils de Juvénal l'aura fait exécuter pour le placer au-dessus du tombeau de ses père et mère, enterrés dans l'église de Notre-Dame de Paris, chapelle Saint-Remy, appelée depuis chapelle des Ursins, et accordée par les chanoines et le chapitre de cette église, à Michelle de Vitry, pour elle et sa postérité, par lettres du 14 juillet 1443, et où il était encore placé avant 89.

Un tableau d'un autre genre, non moins curieux, représente l'*assemblée du parlement de Bourgogne, créée à Dijon, le 18 mars 1476, par Charles le Téméraire*, et tenue par ce prince. Le nom et la fonction de chacun des personnages qui y figurent se lisent au-dessus de la tête de chacun d'eux.

On remarquera aussi le portrait de Guillaume de Montmorency, chevalier d'honneur de Louise de Savoie, duchesse d'Angoulême, né sous Charles VII, et mort en 1531; tiré de l'église de Saint-Martin de Montmorency, qu'il avait fait rebâtir, et où il fut enterré, ainsi que l'indique l'inscription placée au-dessous de ce portrait, et ainsi conçue :

> Le baron de Montmorency
> Nommé Guillaume près ainsy,
> Quest cy pourtrait. L'an mil en date
> Cinq cent vingt pour bon acte
> Reddifia ce temple icy.

Guillaume de Montmorency fut le père du célèbre connétable Anne de Montmorency.

Le bal donné à la cour de Henri III, à l'occasion du mariage d'Anne de Joyeuse et de Marguerite de Lorraine, célébré le 24 septembre 1581, offre une diversité de costumes et un grand nombre de portraits du temps qui attirent une juste curiosité.

Au-dessus du précédent, on voit une autre fête donnée à la même cour, qui a le même intérêt historique.

Plus loin on lit sur un portrait de Charles XII l'inscription suivante :

« Voicy l'unique portrait que Charles XII de
« glorieuse mémoire, roi de Suède, a jamais
« permis qu'aucun peintre tirât de luy après son
« avénement à la couronne.

« On croiroit même qu'il se fût repenti d'avoir
« donné cette permission, puisque le portrait
« étant achevé il en coupa lui-même le visage
« avec un canif, et qu'on a pourtant tâché de
« raccommoder ayant eu l'honneur de servir un
« si grand monarche, en qualité de son pein-
« tre, et étant le seul qui ait pu donner à la pos-
« térité ses véritables traits par le présent por-
« trait, que je fis à Lund en Scanie, l'an 1718,
« la même année que ce héros fut tué au siége
« de Fredricshall en Norwège ; je me fais gloire
« d'y souscrire mon nom.

« DAVID VON GRAFT. »

Le portrait du czar Paul Ier attirera plus encore l'attention, lorsqu'on saura que ce portrait est celui que Napoléon avait fait placer aux Tuileries, sous les rideaux de son lit, lorsqu'il cherchait à détacher Paul Ier de l'alliance anglaise. Une note, publiée *à propos*, fit parvenir cette particularité à la connaissance de l'empereur de Russie : il fut tellement flatté de cet honneur qu'il se sépara de l'Angleterre pour devenir l'allié de la France... Résolution qu'il expia cher dans la nuit du 12 mars 1801!...

L'OPÉRA.

A l'entre-sol d'un superbe escalier (1) nouvellement construit par ordre de Louis-Philippe, à l'extrémité de l'aile du Nord, se trouve la *salle de l'Opéra*.

On sait la passion que Louis XIV avait pour les représentations théâtrales; cependant il n'avait pas songé à leur consacrer une salle spéciale (2). On jouait sur des théâtres mobiles que l'on dressait tantôt dans les bosquets, pour la *princesse d'Élide* de Molière, en 1664, ou pour l'*Iphigénie* de Racine, en 1668; tantôt dans la cour de marbre, pour l'*Alceste* de Lulli, en 1674.

(1) Le bas de cet escalier était primitivement une petite salle des gardes qui précédait le salon du prince de Condé; on y voit aujourd'hui le tombeau de Michel Letellier, père de Louvois, ministre de Louis XIV.

(2) On construisit plus tard la petite salle de comédie dont parle Monicart, à l'endroit où l'aile du Sud se rejoignait au corps central du palais.

Louis XIV, non content de briller dans les carrousels, aimait, dans sa jeunesse, à figurer sur le théâtre, à danser dans des ballets devant sa cour; il y renonça, après avoir entendu ces vers de *Britannicus*, dont il profita, sans jamais les pardonner entièrement à l'auteur :

> « Il excelle à conduire un char dans la carrière,
> A disputer des prix indignes de ses mains,
> A se donner lui-même en spectacle aux Romains,
> A venir prodiguer sa voix sur un théâtre,
> A réciter des chants qu'il veut qu'on idolâtre. »

Mais ce monarque garda toute sa vie le goût de la danse, de la musique et de la comédie. Madame de Maintenon, ingénieuse à lui plaire, avait organisé *une troupe* qui se composait de la duchesse de Bourgogne, du comte et de la comtesse d'Ayen, du comte de Noailles, de mademoiselle de Melun, et du vieux Baron, à qui l'utilité de ses conseils faisait pardonner sa qualité d'acteur. Cette troupe jouait devant le roi, tantôt des pièces saintes, comme Absalon, Joseph, Athalie ; tantôt des pièces de Molière (1).

« (1) Il y eut comédie chez madame la duchesse de Bourgogne. *On a fait faire un théâtre* dans la grande pièce de son appartement. Le spectacle fut fort beau. Il n'y avait que des dames considérables et des courtisans. Le théâtre est ma-

Madame de Pompadour aimait beaucoup le spectacle, et Louis XV ordonna de construire dans l'aile Gabriel une salle de comédie qui n'existe plus, et dans l'aile du Nord, une salle d'opéra. Cette salle, commencée par Gabriel en 1753, fut achevée, en 1770, par l'architecte Leroy, et inaugurée le 16 mai de la même année, pour le mariage de Louis XVI avec Marie-Antoinette.

En 1781, à l'occasion de la naissance, si impatiemment désirée, du dauphin, les gardes du corps obtinrent du roi la permission de donner un bal paré dans cette grande et belle salle. La reine ouvrit le bal par un menuet qu'elle dansa avec un simple garde, auquel le roi accorda le bâton d'exempt. « La fête fut des plus brillan-
« tes, dit madame Campan ; tout alors était
« joie, bonheur et tranquillité. »

Huit ans plus tard, le 1ᵉʳ octobre 1789, les gardes du corps donnèrent une seconde fête dans la salle de l'Opéra, un repas aux officiers du régiment de Flandre, et Marie-Antoinette y parut aussi ; elle y parut belle de toute la majesté d'une

---

gnifique et agréable, et on l'y laissera jusqu'au carême, afin que madame la duchesse de Bourgogne puisse encore voir la comédie dans son appartement après ses couches. »

(Dangeau. 1710. — 9 janvier.)

reine et de toute la tendresse d'une mère... Mais que les temps étaient changés, et qu'elle devait payer cher l'enthousiasme héroïque mais imprudent qu'excita sa présence !

Depuis ce jour, on n'avait touché à cette salle que pour vendre, pendant la révolution, les glaces qui décoraient les loges. Le roi vient d'y porter la main, cette main qui répare, qui féconde, qui embellit; l'Opéra de Versailles a été rendu au culte des arts avec ses dorures, son éclat et ses magnificences; et, le 17 mai 1837, après le banquet royal qui avait réuni toutes les notabilités de la France, il offrait le plus pompeux spectacle : le roi entouré de sa nombreuse famille et des grands dignitaires de l'État; cette foule d'illustrations ; cette variété d'uniformes ; ces femmes brillantes de parure et de grâces ; l'éclat de mille bougies répétées dans de superbes glaces; les beaux vers du Misanthrope si bien dits par mademoiselle Mars ; la grande musique de Robert, si bien chantée par Duprez ; l'ingénieuse allégorie de Scribe, si heureusement animée par la lyre d'Auber et le pinceau de Cicéri; la danse si vive de Fanny Ezler : tout donnait à cette fête un air de grandeur et de plaisir ; et je ne puis me rappeler sans une profonde émotion l'enthousiasme qui éclata à l'aspect de la décoration où Louis XIV à cheval était représenté devant le palais de Versailles illuminé ; toute l'assemblée se leva comme un seul homme, et les cris mille fois répétés de *vive le roi*, confondant les deux souverains dans la même admiration, attestèrent que tout ce qui est grand et national a de l'écho en France !

FIN.

TABLE DES MATIÈRES.

CHAPITRE PREMIER.
                                                            Pages

NOTICE HISTORIQUE............................. 1

CHAPITRE II.
COUR DU PALAIS................................ 30

CHAPITRE III.
APERÇU GÉNÉRAL DE L'INTÉRIEUR DU PALAIS..... 44

CHAPITRE IV.
CORPS CENTRAL DU PALAIS. — Escalier de marbre... 65
PREMIER ÉTAGE. — Appartement particulier du Roi. —
    Ancienne salle des Gardes........................ 68
Ancienne salle du Grand Couvert, sous Louis XIV..... 70
Anciens petits appartements de la reine Marie-Antoinette. 72
Œil-de-bœuf..................................... 74
Chambre de Louis XIV............................ 77
Cabinet du Roi.................................. 86
Les cabinets.................................... 93
Chambre de Louis XV............................ 95
Salon des Pendules, ancien cabinet des Ministres...... 100
Cabinet des chasses............................. 102
Salle du déjeuner; ancien appartement de madame de
    Maintenon.................................. 109
Le Confessionnal............................... 114
Cabinet de Louis XVI, ancienne Salle à manger de
    Louis XIV................................... 117

TABLE DES MATIÈRES.

	Pages
Salles de la Vaisselle d'or	123
Ancien salon de Porcelaines	125
Bibliothèque	126
Petite salle à manger de Louis XV	127
Ancien cabinet des Médailles, aujourd'hui salle des gouaches de Louis XV et de Louis XVI	128
Salles des Croisades	133
Salle des États généraux	134
Salon d'Hercule, ancienne chapelle	138
GRANDS APPARTEMENTS. — Salle d'abondance	142
Salon de Vénus	143
Salon de Diane	145
Salon de Mars	147
Salon de Mercure	152
Salon d'Apollon (salle du trône)	154
Salon de la Guerre	157
Grande galerie des Glaces	158
Salon de la Paix	163
Chambre à coucher de la Reine	167
Salon de la Reine	171
Salon du grand couvert de la Reine	174
Salle des gardes de la Reine	176
Salle du Sacre	178
Salle de 1792, ancienne salle des Cent-Suisses	181
Portraits	186
Salles des Gouaches	194
Salles des Campagnes de 1793, 94, 95	196
APPARTEMENTS. — REZ-DE-CHAUSSÉE. — Salle des amiraux de France	199
Amiraux	204
Salle des Connétables. — Connétables	207

TABLE DES MATIÈRES.

Pages.

Salle des Maréchaux............................... 209
Maréchaux... 210
Galerie de Louis XIII.............................. 215
Salles des Maréchaux (les six dernières salles)..... 218
Maréchaux... 221
Salles des Guerriers célèbres...................... 227
VESTIBULE DE LOUIS XV. — Salles des Marines....... 230
Salle des rois de France (pourtour de la cour de marbre,
 vieux palais).................................... 232
Salle des Vieux Châteaux........................... 236

CHAPITRE V.

AILE DU SUD....................................... 241
REZ-DE-CHAUSSÉE. — galerie Napoléon................ 245
Galerie de Sculpture............................... 254
PREMIER ÉTAGE. — Grande galerie des Batailles...... 257
Salle de 1830..................................... 269
Galerie de sculpture, dite de Louis XIV............ 273
ATTIQUE. — Galerie de portraits depuis 1790........ 275

CHAPITRE VI.

AILE DU NORD...................................... 277
REZ-DE-CHAUSSÉE. — Galerie de l'histoire de France. 285
Galerie des statues et tombeaux des rois de France. 289
PREMIER ÉTAGE. — La chapelle...................... 290
Deuxième galerie de l'histoire de France........... 303
Deuxième galerie des statues et tombeaux des rois de
 France... 307
ATTIQUE. — Galerie de portraits jusqu'en 1792...... 310
L'Opéra... 317

FIN DE LA TABLE DES MATIÈRES.

www.ingramcontent.com/pod-product-compliance
Lightning Source LLC
Chambersburg PA
CBHW070624160426
43194CB00009B/1359